Tu destino en tus sueños

Saúl Zaid

EMU editores mexicanos unidos, s. a.

D. R. © Editores Mexicanos Unidos, S. A.
Luis González Obregón 5, Col. Centro,
Cuauhtémoc, 06020, D. F. Tels. 55 21 88 70 al 74
Fax: 55 12 85 16
editmusa@prodigy.net.mx
www.editmusa.com.mx

Diseño de portada: Arturo Rojas Vázquez
Formación y corrección: Equipo de producción de
Editores Mexicanos Unidos

Miembro de la Cámara Nacional
de la Industria Editorial. Reg. Núm. 115.

1a edición: Noviembre de 2005
6a reimpresión: enero de 2012

ISBN (titulo)   978-968-15-0789-3
ISBN (colección) 978-968-15-0801-2

Impreso en México
Printed in Mexico

ISBN 978-968-15-0789-3

9 789681 507893

Tu destino en tus sueños

Ciencias Ocultas

Colección Librería

Libros de todo para todos

Capítulo primero

DE LOS SUEÑOS, VISIONES, ORÁCULOS, ENSUEÑOS Y APARICIONES

Difundirá Dios tu Espíritu divino entre sus hijos; los niños hablarán con voz profética, los jóvenes tendrán divisiones, y los ancianos, sueños.

(Joel II, 26)

Sueño y ensueño. He aquí dos palabras que en algunos casos tomamos en nuestra lengua para expresar un estado particular, que goza de ciertos caracteres de vigilia y de descanso. Según la etimología, el ensueño se acerca más a la vigilia, y el sueño corresponde más particularmente al descanso; pero, admitidos por el uso como sinónimos ambas voces, daremos igual interpretación a una y otra.

El cerebro es el punto donde tienen tu asiento las facultades intelectuales, por lo mismo, es el manantial de los sueños. Este órgano, en completa salud, engendra, si es lícito valerse de esta expresión, los ensueños, a los que dan margen, ya las imágenes que durante la vigilia le han impresionado, ya las sensaciones producidas por la natural o accidental afección en los nervios o por el carácter mismo del temperamento.

Así, por ejemplo, los sanguíneos suelen soñar con festines, diversiones, amorcillos, placeres, jardines, flores, etcétera; los biliosos, en riñas, combates, desgracias, los melancólicos, en tinieblas, paseos nocturnos, fantasmas; los flemáticos, en el mar, ríos, navegaciones, naufragios.

En los temperamentos mixtos, como el sanguíneo-flemático, biliosomelancólico, etcétera, los ensueños suelen participar de los caracteres peculiares a cada uno de los temperamentos aislados resultando todo un complejo.

Desde la antigüedad varias personas daban mucha importancia a la interpretación de los sueños: el antro de Trifonio debía tu celebridad a esta suerte de adivinación.

No dejaba de ser conocida y puesta en práctica la oniromancia, por los egipcios, caldeos, árabes, persas, griegos y romanos; empero es a los primeros a los que somos deudores de tu más sabia y exacta interpretación.

Si los sabios de Egipto se valían de tablillas sagradas para las predestinaciones, aun cuando sólo se tuviesen datos equívocos incapaces de hacer presumir los futuros acontecimientos, ¡con cuánta más razón, con qué esperanza no debían lisonjearse de conocer cuando los sueños precedían a sus investigaciones, como poderosos agentes capaces de auxilios en el desarrollo de las fases resultantes de las tablillas del destino!

Tal fue la importancia que adquirieron estas revelaciones del porvenir, que una de las funciones de los magos era la de explicar los sueños.

Entre los sacerdotes egipcios había un grupo encargado de conservar y ampliar los humanos conocimientos; dividían el sacerdocio en dos grandes clases que denominaban Jannés y Membrés, esto es, Explicador y Permutador, o lo que es lo mismo, el que efectúa los prodigios.

Los Jannés y los Membrés anotaban sus interpretaciones, descubrimientos y milagros; y estas Memorias formaban un solo cuerpo de ciencia y de doctrina, en que los sacerdotes egipcios basaban sus conocimientos físicos y morales, observando también bajo estos principios el curso de los astros, las inundaciones del Nilo, los meteoros, etcétera. No dejaban los reyes de llamar a tu lado a dichos sacerdotes, con objeto de que los auxiliaran con sus consejos. Así la Historia nos enseña que el Faraón reunió a los magos, para que le interpretaran un sueño, privilegio que sólo obtuvo el patriarca José.

Distinguíanse en aquellos tiempos cinco especies de sueños, a saber: Sueño, Visión, Oráculo, Ensueño y Aparición.

Llámase Sueño cuando mediante cierta indirecta imagen, se manifiesta la verdad.

Visión, si, vuelto ya a la vigilia, reaparece lo que durante el sueño creyó experimentar el sujeto.

Oráculo, a la revelación o advertencia recibida mientras se duerme.

Ensueño, si durante la noche parece reproducirse lo que en el día nos ha llamado particularmente la atención.

Aparición, a lo que los griegos llamaban fantasma; es una visión nocturna y quimérica, que suelen experimentar los niños y ancianos.

De estas cinco clases de sueños, las cuatro primeras tienen algo de verídico; pero la última es engañosa.

Generalmente, para que un sueño pueda ser interpretado, con toda exactitud es preciso durante él que se haya tenido al amanecer o en período nocturno en que disipadas ya las emanaciones digestivas, no pueden obrar sobre el cerebro; que no haya sido promovido por excesos o emociones de cualquier clase, y que se recuerde perfecta y minuciosamente al despertar.

¡Cuántos incrédulos se habrán mil veces arrepentido de haber despreciado los saludables consejos dictados por los sueños!

Capítulo II

HISTORIA DE ALGUNOS SUEÑOS CÉLEBRES

Cuando el cuerpo duerme vela el espíritu.

Hipócrates

José, hijo de Jacob, vio durante un sueño que las gavillas hechas por sus hermanos se inclinaban hacia las suyas, y, además, que rodeados el Sol y la Luna por once estrellas, le adoraban; este sueño se realizó del modo siguiente: Por la omnipotente gracia del Señor, llegó José a gobernar el Egipto, y en tanto que aquel país se hallaba devastado por el hambre, suministró trigo a sus padres y hermanos, colmándolos de bienes y regalándoles después la tierra de Gesén.

Aparecióse durante un sueño al patriarca Jacob una escala, que se apoyaba en el cielo y en la tierra: 109 ángeles bajaban y subían por ella. Apoyado el Señor en dicha escala prometió a Jacob y a tu posteridad la tierra en que éste dormía, anunciándole que toda tu descendencia sería bendecida en ella; lo que tuvo efecto, confirmando la visión.

Después que los tres Reyes Magos adoraron en Belén al Niño Jesús, se les apareció en sus sueños un ángel que les indicó una nueva vía, con el solo objeto de desviarlos de la muerte que les preparaba Herodes. Obedecieron a esta aparición, y se salvaron.

Un ángel avisó a San José, esposo de la Santísima Virgen María, que cuanto antes condujera a ésta y a tu hijo Jesús a Egipto, con el fin de salvarle de la barbarie de Herodes, que había decretado el degüello de los niños.

Soñó el rey Faraón descubrir un río, del que salieron siete vacas gordas y hermosas que en breve tiempo fueron devoradas por otras siete vacas asquerosas y macilentas. Vio igualmente en aquella misma noche cómo siete espigas secas y estériles destruían a otras siete fructuosas y muy provistas de grano. Llamado entonces José para que interpretara aquel sueño, dijo: "Las siete vacas gordas y las siete espigas fructuosas indican siete años de abundancia para el Egipto; las siete vacas asquerosas y las espigas estériles anuncian otros tantos años de escasez. Preciso será, pues, que durante los primeros se formen acopios para cuando lleguen los segundos, si no querás que la plaga del hambre destruya vuestro reino". Púsose en plan lo que dijo José, y se salvó el Egipto.

Hécuba, consorte de Príamo, soñó dar a luz una antorcha encendida que abrasaba la ciudad de Troya: ¡fatal pronóstico de la ruina de tu imperio, de tu muerte y de la de todos los suyos!

Soñó Astiage, rey de los medas, que tu hija producía una vid; con lo que quedó pronosticado el esplendor, riqueza y felicidad de Ciro, nacido de la hija de dicho rey, posteriormente a este sueño.

(Año de Roma 264.) Al principiar finos juegos populares, un padre de familia pasó por el circo Flaminio, precedido de tu esclavo, al que mandaba azotar y conducir al suplicio con la horca a cuestas. T. Atinio, plebeyo, fue avisado por el cielo mediante un sueño, para que notificara a los cónsules que Júpiter no había podido ver sin indignarse un proceder tal; advirtiendo que, si no era la vez postrera, o si en los siguientes juegos no se remediaba, se vería precisado a castigar a aquel pueblo; pero Atinio guardó el más profundo silencio, temiendo exponerse si daba margen a escrúpulos en el ánimo de los magistrados. En breve una repentina muerte le arrebató a tu hijo, y en la siguiente noche se le apareció otra vez Júpiter, diciéndole: "Atinio, ¿aún no te hallas suficientemente castigado por tu desobediencia?" Pero él, persistiendo en las mismas ideas, hizo el mismo caso que de la aparición anterior.

Atacado de parálisis, castigo de tu rebeldía, se decidió a hacerse conducir en silla de mano al tribunal de los cónsules, y de allí al Senado. Apenas hubo satisfecho la misión que el dios le había encomendado cuando, con grande admiración de cuantos se hallaban presentes, recobra el uso de sus miembros, regresando a tu casa por tu propio pie.

(Año de Roma 413.) Durante la guerra con los latinos, los cónsules P. Decio y T. Manlio Torcuato tuvieron un mismo sueño, hallándose acampados al pie del Vesubio. Aparecióseles a ambos un incógnito, participándoles que los dioses infernales y la Tierra, madre común del género humano, reclamaban por víctima a uno de los jefes de cualquiera de los dos bandos y todo el ejército de tu adversario: es decir, que el cónsul romano que atacara el primero y sacrificara tu propia vida, sería el que diera la gloria a tu patria. Al despuntar el alba, Decio y Torcuato dirigieron sus ofrendas a los dioses, ya para servir de expiación, caso que cambia-ra el presagio, ya de señal inequívoca de que se hallaban prontos a sus voluntades, caso de que permaneciera inalterable el querer divino. Las entrañas de las víctimas confirmaron el doble sueño, quedando entonces convenidos en que el primer cónsul que viera replegarse el ala confiada a tu mando sellaría con tu vida la salvación de la patria. Atacaron uno y otros con valor; pero los dioses exigieron la vida de Decio.

(Año de Roma 626.) El sueño más singular advirtió a Cayo Graco de la suerte que le esperaba. Habiéndose profundamente dormido, vio la sombra de tu hermano Tiberio Graco, anunciándole la total imposibilidad de evitar el cruel destino que a él mismo le había arrebatado la vida, echándole del Capitolio. Cayo Graco, antes de tomar posesión de este digno tribunal, que heredó de tu hermano, refirió personalmente dicho sueño a varios individuos; pero fue ya tarde, puesto que no atendió a la inspiración fatídica.

(Año de Roma 695.) Desterrado Cicerón de Roma por las trampas de sus enemigos, detúvose en una casa de campo, cerca de Atina, donde se durmió. Parecióle que, extraviado en desiertos países, dio con Mario, cercado de toda la pompa de la dignidad consular, y que, preguntándole este general por qué andaba triste y errante, le refirió tu desgracia; y que entonces, tomándole por la mano, encargó a tu primer lictor le condujera a un palacio que había hecho construir, asegurándole que allí le aguardaba mejor suerte. El tiempo acreditó esta promesa, puesto que en el templo de Júpiter, monumento erigido por los desvelos de Mario, fue donde el Senado expidió el decreto de gracia al célebre orador.

(Año de Roma 709.) Calpunina, esposa de Julio César, vio en sueños a tu marido acribillado de heridas y expirando en sus brazos durante la última noche de vida que contó este héroe. Horrorizada de tal espectáculo, le suplicó no fuera al siguiente día al Senado; pero, desdeñando César ceñir tu conducta al sueño de una mujer, dirigióse a la asamblea, donde unas manos parricidas le inmolaron a tu furor.

(Año de Roma 711.) La noche anterior a la sangrienta batalla de Filipo, Artorio, médico de Augusto, vio en sueños a la diosa Minerva, que le mandaba advertir al emperador que asistiera al próximo combate a pesar de la peligrosa enfermedad que le tenía postrado en cama en tu tienda. Obedeció Augusto, y, en tanto que, colocado en tu litera entre el ejército, velaba por tu causa, apoderóse Bruto de tu campamento: infa-liblemente hubiera sido tu prisionero, de haber despreciado el oráculo de Minerva.

(Año de Roma 733.) Después de la batalla de Accio, Casio de Parna, partidario de Antonio, se refugió en Atenas. Abatido por los disgustos y la inquietud, echóse en una cama, y se entregó al sueño; pero a eso de la media noche, le pareció que se le acercaba un gigante, negro de carnes, de ensortijados cabellos y barba desgreñada, el cual, preguntado quién era, él respondió: ¡Tu genio maléfico!

Sobresaltado Casio, llamó a sus esclavos; mas asegurado de que nadie había entrado ni salido, se aquietó y recobró el sueño; pero vio otra vez al gigante sin que pudiera alcanzarle...

Muy corto tiempo medió entre aquella triste noche y el día de tu ejecución.

Encontrándose Atinio Rufo en Siracusa cuando se celebraban los juegos de los gladiadores, le pareció en sueños que un Reciario le atravesaba el pecho con la espada. Al día siguiente en que tenía lugar la fiesta relató tu ensueño a los espectadores que le rodeaban; mas apenas lo hubo verificado, cuando entró en la arena, y por el lado en que se hallaba el caballero romano, un Reciario provisto de tu red. Al momento Rufo exclamó: "¡He aquí el que me asesinaba anoche!", e intentó retirarse; pero no habiendo logrado los que le cercaban disipar tu terror, le ocasionaron la muerte, puesto que el Reciario le enredó con tu arma y lo tumbó. Intentando castigarle, siendo así que había vencido, mató a Rufo.

(Antes de C. 309.) Hallándose Amilcar, general cartaginés, sitiando a Siracusa, creyo oír durante tu sueño una voz que le dijo: "Mañana comerás en esta ciudad que sitias." Llevado de la alegría, cual si el cielo le prometiera la victoria, dispone tu ejército para el asalto; pero habiéndose promovido disensiones entre los cartagineses y los sicilianos que forman parte de sus tropas, los siracusanos verificaron una valerosa salida, en la que se apoderaron de tu campo, y le hicieron prisionero en ella. Engañado, más por la esperanza concebida que por el sueño, comió verdaderamente en Siracusa, pero no como vencedor, sino como cautivo.

Antes de emprender Aníbal sus formidables expediciones contra los romanos, soñó que el cielo le había enviado, para guiarle contra la Italia, a un joven de sobrenatural estatura. Al momento, según tu consejo, siguió sus pasos ciegamente y sin volver la cabeza; mas, llevado poco después por aquel instinto natural que nos impele a querer indagar lo misterioso, mira atrás, y ve una colosal serpiente, que con tu movimiento rápido derriba y destroza cuanto se opone a tu paso. Desencadénanse desde luego las tempestades, ruge el trueno, y se encapota el cielo con densas nubes. Admirado Aníbal, pide a tu guía la explicación del presagio. "¿Lo ves?, le respondió, es la devastación de Italia. Tu deber es guardar sigilo, y abandonar lo demás a los secretos consejos del sino."

Llevando en tu seno la reina Olimpia a Alejandro el Grande, soñó que tu marido, el rey Filipo, había puesto en tu vientre un sello con la efigie de un león; lo que pronosticó el valor, la magnanimidad y las conquistas del futuro monarca.

(Antes de C. 323.) Alejandro, rey de los macedonios, fue muchas veces avisado por sueños para que cuidara de asegurar sus días; pero hubiera sido necesario que la fortuna le hiciera prudente en los peligros. En efecto, no dejó de conocer por sus ensueños que no le era favorable la amistad de Casandro, quien se presentó al rey en una época cercana a uno de aquellos avisos; pero éste, reconociendo en aquél la imagen que le había afectado, se contentó con recitar un verso griego sobre la locura de los sueños. La mayor parte de los autores antiguos coinciden en que Casandro, hijo de Antipáter, hizo prisionero a Alejandro el Grande.

(Antes de C. 403.) Dos árcades, íntimos amigos y compañeros de viaje, llegaron a Megara, y se retiraron, el uno a casa de tu huésped, y el otro a la posada. Soñó el primero que tu amigo le rogaba fuese a salvarle de las tramas del posadero, reclamándole un pronto auxilio contra un peligro de consideración. Despiértase sobresaltado, abandona la cama, dirígese a la posada...; por una funesta fatalidad retrocede, y avergonzándose de haber dado crédito a un sueño, vuélvese al lecho, y se entrega de nuevo al descanso. Poco después se le reaparece tu amigo, enteramente mutilado, rogándole que, supuesto que no quiso salvarle la vida, vengara a lo menos tu muerte; añadiendo que en aquel mismo instante tu asesino conducía tu cadáver fuera de la ciudad, en un carromato de estiércol. Salta el árcada, corre a las puertas de Megara, encuentra el carromato, descubre a tu amigo, y prende al posadero que no tardó en sufrir la pena destinada a los asesinos.

(Antes de C. 404.) Algunos días antes de tu muerte, vióse Alcibiades en sueños cubierto con el manto de tu querida, el cual fue el mismo que sirvió cuando lo asesinaron, para envolver tu cuerpo abandonado al aire libre.

(Antes de C. 405.) Cuando Dionisio de Siracusa no era más que un simple particular, una gran señora de la ciudad de Himera se imaginó durante sus horas de descanso que, trasladada al cielo, recorría las divinas moradas, y contemplaba bajo las plantas de Júpiter a un hombre colosal, de blondos cabellos, de rostro cubierto de pecas, y que, oprimido por las cadenas, dejaba exhalar de tu pecho lastimeros quejidos. "¿Quién es este desgraciado?", preguntó al joven que le servía de guía. "Es, le respondió, el genio maléfico de Sicilia y de Italia, el cual, una vez que le suelten, será la ruina de infinitas ciudades." Propagóse al momento la noticia de este sueño, y, celosa la fortuna de la libertad de Siracusa, jurando la pérdida de los ciudadanos virtuosos, rompió las cadenas a Dionisio, lanzándole, cual el rayo, a destruir la paz y la tranquilidad de los pueblos. Encontrándose aquella mujer entre la muchedumbre que acudió cuando tu entrada en Himera, ya para verle, ya para rendirle homenaje, exclamó: "He aquí el hombre que vi en mis sueños". Por lo que el tirano la hizo matar.

(Antes de C. 464.) El haber soñado el poeta Simónides con una tempestad cuando intentaba embarcarse, le impidió efectuarlo. En verdad, vio cómo el mar se tragaba a sus futuros compañeros de viaje, y se congratuló de haber fiado la vida más bien a un sueño que a un débil madero. Agradecido por ello, lo inmortalizó en un hermoso poema.

Encontrándose Vespasiano en la isla de Acaya con Nerón, vio en sueños a un desconocido, el cual le predijo que empezaría tu fortuna cuando arrancaran un diente a este emperador. Durante el día, y al salir de tu casa, el primer sujeto que se le presentó fue un médico, que acababa de practicarle dicha operación. No tardó en morir Nerón, así como igualmente tu sucesor Galba, y, aprovechándose Vespasiano de la discordia entre Otón y Vitelio, hízose proclamar emperador.

Soñó Séptimo Severo que el emperador Pértinax se encontraba moribundo a causa de una caída de caballo, y que él montaba el imperioso corcel. Severo fue elegido emperador en reemplazo de Pértinax.

Guiando el emperador Constantino tu ejército contra Majencio, vio en sueños una resplandeciente cruz, y oyó decir que sería vencedor si se valía de aquel venerado signo. Mandó al momento que, al darse la batalla uno de los más valientes capitanes de tu ejército llevara una cruz adornada de oro y piedras preciosas; y, en efecto, con este feliz presagio destruyó las tropas de Majencio.

Cuando la revolución de los sajones al mando de Vitikind, en 773, vio Carlomagno, en sueños, densas nubes surcadas por los relámpagos y que iban agrupándose sobre tu cabeza —signo que predijo las revoluciones— y que un sol radiante las disipó poco después.

Ricardo Corazón de León vio en sueños que durante la noche un perro se batía con otro, y que una antorcha se iba extinguiendo. Este sueño precedió en dos semanas a tu arresto por Leopoldo, duque de

Austria, el cual lo entregó al emperador de Alemania. Enrique VII, apodado el Cruel. Ricardo fue por dos años tu prisionero.

La noche que precedió al asesinato de Enrique IV por Ravallac (1610), vio aquél en sus sueños el arco iris encima de tu cabeza; signo de muerte violenta.

No desistió Cromwell ante la ejecución de Carlos I, no obstante el terrible sueño que experimentó al anochecer del día de la sentencia (26 de enero de 1649). Veíase en un cementerio —presagio de futura prosperidad—, ante el verdugo —indicio de sangrientas catástrofes— que le colocaba en la cabeza una corona de huesos.

En 1668, Luis XIV combatía, en sueños, con un fuerte león, y le tumbó. Poco después conquistó en dos meses el Franco-Condado.

En 1713, José Tartini, hábil compositor, oyó ejecutar por el diablo, en una noche de verano y con una superioridad admirable, un solo de violín, de un estilo original y de sin igual melodía. Apenas despierto Tartino, recordó y anotó aquella música singular. Es la obra que hoy día se conoce por *La tocata del diablo*.

José II, emperador de Alemania, soñó cuando niño, que caracoleaba en un soberbio corcel. Testigo es la Historia de tu singular pasión por los viajes, cual lo indicó ya este sueño.

La Reina de Francia. María Antonieta, durante tu prisión, vio en sueños, pocas horas antes de despertarse el nefasto 21 de enero de 1793, un sol rojo —signo fatal— elevarse por encima de una, columna, que no tardó en desplomarse; —pronóstico de la muerte de un gran personaje.

Cuando el jesuita Maldonado trabajaba en un sabio comentario sobre los cuatro evangelistas, vio durante muchas noches a un hombre que le exhortaba terminar esta obra, puesto que le restaban muy pocos días de vida. También le marcó en el vientre cierta región en la que Maldonado comenzó a experimentar fuertes dolores, de los que murió apenas terminada tu tarea.

Veíase comúnmente en tu juventud Juan Jacobo Rousseau revestido de un uniforme, anuncio de celebridad.

La víspera de Waterloo se le apareció a Napoleón, en sueños y en dos ocasiones, un gato negro —signo de traición— que corría de uno a otro ejército. El que abandonó fue destrozado —fatal agüero—. ¿Quién ignora el tristísimo resultado de la batalla del siguiente día?

Capítulo III

EXPLICACIÓN DE LOS SUEÑOS EN FORMA DE DICCIONARIO

Cuando el cuerpo duerme, se ha efectuado enteramente la digestión, y nada necesita hasta la vigilia; entonces nuestra alma se expande y admira tu patria, el cielo. De allí es donde recibe el importante conocimiento de tu primitivo y divino origen.

Rabelais, Lib. III Cap. 13

Hemos adoptado el orden alfabético para la explicación de los sueños, por ser éste el más sencillo y usado.

Hasta el día de hoy había visto la luz pública una interpretación oniroscópica tan completa y tan meditada. Se ha extraído *con cuidado y método* de los manuscritos auténticos de los célebres Apomazar, Artemidoro, Jerónimo Cardán, Juan Engelbrecht, y muchos más.

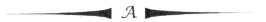

A

ABANDONO.— Un individuo que abandona tu propia morada denota ganancia en los negocios. Verte abandonado de los grandes, indica alegría y fortuna.

ABANICO.— Rivalidad. Pequeña perfidia. Patrimonio perdido, y un acontecimiento próximo; de ninguna manera des un paso atrás.

ABEJAS.— Para el agricultor, indica ganancias y provecho en el trabajo; para los ricos, inquietudes y muy grandes turbaciones. Si te pican, teme una traición. Si revolotean a tu alrededor o entran en tu casa, es signo de una herencia o de una buena noticia. Si las ves trabajar y chupar las flores, te advierten de que si haces lo propio, es decir, si trabajas, tus negocios prosperarán. Si depositan la miel en algún lugar de tu casa, es signo de abundancia, y de desgracia para tus enemigos. Si las matas, prepárate a una ruina, quiebra o desgracia. Si las coges sin riesgo, provecho o ganancia notorios.

ABISMO.— Espanto, temor de un peligro inminente; muerte de un pariente o de un amigo.

ABOGADO.— Encontrarse con uno significa malas noticias. Conversar con él quiere decir que lograrás un tiempo muy precioso. Oír que patrocina tu negocio es signo infalible de que te sobrevendrá alguna calamidad.

ABRAZO.— A padres, indica que debes prevenir a éstos de que los amenaza una traición. Abrazar a un niño indica que eres engañado por un amigo. Abrazar a una mujer, buena suerte y alegrías.

ABRIGO.— Si se busca uno contra la lluvia denota una pena secreta, disgustos domésticos o una delación; si se le busca durante una tempestad, denota un presentimiento.

ABSOLUCION.— Si sueñas haberla recibido contritamente, buen pronóstico. Es augurio de buen corazón.

ABUELO O ABUELA.— Cuando uno sueña con sus abuelos, es señal de que se necesitan los santos sacramentos. El fin de la disipación es una muerte temprana, huye de aquélla y llegarás tranquilamente a la vejez. Ten cuidado con el alcohol, es el causante de las peores tragedias.

ABUNDANCIA.— De bienes: seguridad engañosa. Si la abundancia es de satisfacciones, indica que te casarás a tu gusto con la persona que amas.

ACCESO.— De tos, indica que tus criados revelan los secretos de casa. Los accesos de locura son señales de favores merecidos.

ACCIDENTE.— Soñar con un accidente del cual se es testigo pasivo, es señal de una cobardía, que será provechosa al que sueña. Si auxilias a la víctima, es presagio de la traición de un amigo, que te despojará de la herencia que esperáis.

ACECHAR.— Significa, unas veces, separación corta de dos enamorados o ausencia momentánea de la población donde se vive. Otras, cambio de modo de proceder en los asuntos particulares.

ACEITE.— Derramado por el suelo o sobre cualquier objeto, es señal de una pérdida irreparable; derramado sobre ti mismo, presagia provecho o beneficios. Beneficiar aceite anuncia prosperidad.

ACEITUNAS.— Paz y amistad. Debes adquirir una piedra preciosa, la correspondiente a tu mes.

ACERCARSE.— Si se acerca a ti un príncipe o gran señor, indica vanidad de poco provecho. Si se te acerca un rey, es una desgracia cierta.

ACERO.— Soñar fundir el acero indica perseverancia en tus proyectos. Si se sueña que se compra acero, es señal de comercio próspero. Venderlo es signo de herencia.

ACOSTARSE.— Con un individuo del otro sexo, obstáculo a tus designios; con una persona del mismo sexo: contrariedad; con un hombre feo: enfermedad; con un buen mozo: chasco. Con una mujer fea: muerte; con una linda mujer: traición; con tu marido ausente: malas noticias. Asimismo con tu consorte, regocijo; con tu madre: seguridad en tus negocios; con tu hija: escándalo; con tu hermana: cercano viaje; con una ramera: permanente fortuna.

ACTA.— Firmar un acta: Señal funesta.

ACUEDUCTO.— Patrimonio que pronto será alcanzado.

ACUMULAR.— Indica que tus proyectos serán contrarios a tus intereses.

ACUSAR.— A alguien de un crimen: tormento, inquietud. —Ser acusado por un hombre: buen éxito. —Por una mujer: malas noticias. —Por tu propia mujer: buena noticia.

ADEREZO.— De cabello: si vences la dificultad que ha de presentarse, serás feliz. Robo importante. —Aderezo de casa: casamiento que suscitará envidias. Salud excelente. Arbitrariedades peligrosas. —Aderezo de mesa: no abuses del pequeño favor que te harán. Contratiempo. Feliz hallazgo. —Aderezo de diamantes: disgusto con un enemigo. Regalo que traerá consecuencias. Forasteros.

ADMINISTRACIÓN.— El que sueña que forma parte de cualquier administración tiene un presagio de miseria, sea cual fuera el puesto que ocupe; mas, si en sus ensueños la abandona, tu posición tiende a mejorar.

ADMIRACIÓN.— Señal lisonjera si se te admira; pero incómoda si admiras.

ADOLESCENTES.— Si fuera moreno, es pronóstico de salud perfecta; si es rubio, anuncia próximo aumento de fortuna, y engaño de mujer, si es feo.

ADOPCIÓN.— De hijos: penas, incomodidades.

ADORACIÓN.— Alegría y contento. Si se adora a Dios es señal de tranquilidad de ánimo. Si se adoran estatuas, es indicio de felicidad.

ADULACIÓN.— Si sueñas que te adulan con exceso, es señal de que te verás en un estado vergonzoso, a menos que deseches la adulación.

ADULTERIO.— Gran escándalo. Querellas futuras. Hay intérpretes que dicen que soñar un adulterio es señal de un beneficio seguro, pero si lo estás cometiendo ten cuidado, el engañado ya está enterado.

ADVERSIDAD.— La de tus enemigos indica gozo, satisfacción. La tuya te aconseja que tengas ánimo.

AFEITARSE.— Soñar que uno mismo se afeita o que le afeitan es señal de pérdida de bienes, de honores o de salud. (Véase Barba.)

AGITACIÓN.— Próxima riqueza.

AGONIA.— Soñar con la agonía, según unos, indica la pérdida de una herencia, y según otros, es señal de una próxima herencia. Soñar con la agonía de un desconocido indica un beneficio inesperado.

AGRAVIO.— Avaricia castigada. Testamento. Alegría intensa. Debes tener cuidado con un perro rabioso. Sigue adelante y no te desanimes.

AGUA.— Cuando se sueña que se le bebe caliente, es señal de peligro por parte de enemigos furiosos; y cuanto más caliente es, mayor es el peligro; beberla fría indica tranquilidad de ánimo o amigos verdaderos. El agua, en general, es señal de abundancia y multiplicación. Agua bendita indica pureza y salud. Caliente, enfermedad. Agua estancada y cenagosa es presagio de peligro de muerte por enfermedad. Saltar por en medio del agua indica persecuciones. Recibir o llevar agua sobre la cabeza es señal de provecho. Andar sobre el agua es indicio de triunfo, de éxito. Cuando se sale de un paraje donde no se ha podido hallar agua, es señal de cuidados, enojos y aflicciones. Verla agotarse y desaparecer es presagio de tiempos mejores. Salvar un paraje lleno de agua indica trabajo, seguridad. Embriagarse bebiendo agua es indicio de vanagloria, de ostentación y de vanidad ridícula. Llevar agua en un vaso o cacharro roto, en un trapo o en cualquier otro objeto que no pueda conservarla es señal de pérdida, daños por abuso de confianza o robo doméstico; pero cuando el agua no se pierde, presagia mucho trabajo en conservar nuestra hacienda. Ocultar esta misma agua y lo que la contiene, en la tierra, indica ruina inevitable o muerte, ya sea natural o violenta. Derramar agua en tu casa indica disgustos y cuidados tanto más numerosos cuanta más agua se derrama (Agua de río, arroyo, estanque, pozo, lago, etcétera, véanse estas palabras: Agua agotada, véase Fuente, Riachuelo, Estanque. Caer en el agua, véase Caer.)

AGUARDIENTE.— Placeres torpes y groseros.

ÁGUILA.— Si se sueña con un águila durante un embarazo, es señal de que el niño que nazca tendrá gran nombradía. En cualquier otro estado, un águila indica grandeza y prosperidad. Si el águila se cierne sobre tu cabeza, te presagia honores sobre todo si eress militar. Soñar que se atraviesan los aires montando en un águila es señal de hallarse en peligro inminente de muerte, a menos que el ave te deje sin haberte hecho el menor daño.

AGUJAS.— Quisquillas. Inquietudes. Si te picas con ellas, es señal de que alguien te inquietará con chismes y enredos.

AHIJADO.— Daños materiales. Compromisos.

AHOGADO.— Ver a un ahogado es señal de alegría y de triunfo. Ahogarse uno mismo augura ganancias; pero ahogarse por la maldad o culpa de otro es presagio de pérdidas, y hasta de ruina.

AIRE.— Cuando es puro y sereno indica que todos te aprecian, y que tu amistad es sincera; que te reconciliarás con tus enemigos; que descubrirás un hurto, o que recobrarás algo perdido; que ganarás un pleito, y que triunfarás de envidiosos; que tendrás buen viaje, en una palabra, este sueño te presagia toda clase de prosperidades. Si el aire es turbio, nebuloso o sombrío, es señal de tristeza, de enfermedad, de obstáculos; en una palabra, todo lo contrario de lo que indica un aire puro. Si el aire es suave o perfumado por las flores de la primavera, presagia una vida pacífica y pureza de costumbres, buenas compañías y feliz éxito en tus negocios.

AJEDREZ.— Jugar al ajedrez o a las damas con algún conocido indica una próxima querella con esta persona; y el resultado será el mismo que tenga la partida que se sueña estar jugando.

AJOS.— El que sueñe con ajos se casará con una mujer cuya boca olerá a violetas. Si se sueñan que se comen, es señal de que, al despertar, se dará un beso a la mujer que se ama.

ALA.— De ave de rapiña: defensa contra peligros graves. —De pájaro: tranquilidad.

ALACRAN.— Angustias. Inquietudes. Debes tener mucho cuidado con los amigos, pueden darte un mal rato. Si es el escorpión del Zodiaco, debes consultar el Oráculo de Napoleón, para resolver el problema que tienes y tanto te preocupa.

ALBAÑIL.— Fastidio. Fatiga, Esperanzas locas.

ALBERGUE.—Tu vista anuncia el reposo. Si se permanece en él, dicho reposo irá entremezclado de desazones.

ALCOBA.— Si sueñas que estás o duermes en una alcoba, sé prudente, pues alguien trata de descubrir tus secretos y eso sería muy peligroso.

ALEGRÍA.— Teme al despertar una mala noticia.

ALFILER.— Pequeña contradicción. Si sueñas que te pican ten cuidado con él. Si alguien te pide un alfiler no lo entregues si antes no le pinchas ligeramente con él a la persona que te lo pide.

ALGODÓN.— Indica que no es vicio la pobreza. Significa también alegría y temor desprovistos de fundamento.

ALHAJAS DE PLATA.— Miseria. Venderlas es señal de mejora en los negocios. Comprar alhajas, sobre todo cubiertos de plata, es indicio de picardía. Cambiar la plata por cualquier objeto presagia desesperación. Hallarla indica ruina. Plata en barras es signo de economía.

ALIMENTO.— Prepararlo para comer recuerda al que sueña que debe ser sobrio. Darlo a otro indica buen corazón.

ALMACÉN.—Accidente por descuido. Hallazgo. Salud.

ALMIDÓN.— Engaño. Usa una prenda almidonada.

ALMIRANTE.— Comercio defraudado. Verte en un combate naval es indicio de irse a pique.

ALMOHADA.—Perspicacia. Acechanzas.

ALMOHADÓN.—Blando; debilidad. —Duro: virilidad y entereza de caracteres. —Bordado, grandeza, alta jerarquía.

ALQUILER.— Si sueñas pagarlo, indicará que tu corazón es generoso; si sueñas deberlo, estarás dominado por la avaricia.

AMAMANTAR.— Te avisa este sueño que pronto gozarás de una gran felicidad, la cual habrás de poner todo tu empeño, porque si la dejas marchar no volverás a poseerla.

AMANTE.— El hombre que sueñe tener una amante padecerá graves males físicos y morales. La mujer experimentará desgracias de familia y de fortuna.

AMAZONA.— Te dice este sueño que te enamorarás de una mujer, la cual te esclavizará por tu debilidad de carácter.

AMBICIÓN.— Si te dominase hasta hacerte sufrir, modifica en cuanto despertes los planes que proyectes, porque, de llevarlos a cabo, podrías sufrir en tu honra o fortuna.

AMBULANCIA.— Posibilidad de muerte violenta.

AMIGOS.— Reír con los amigos es señal de un próximo rompimiento con ellos.

AMOR.— Indica, en general, alegría, felicidad franca y cordial. Amar a una mujer morena es señal de goces mezclados con sinsabores; si la mujer es rubia, indica que no serás correspondido por ella. Amor rechazado o calabazas presagian un magnífico triunfo futuro. Amor correspondido, próxima desesperación. Amor criminal, peligro inminente. Si se sueña con un hombre rubio, es señal de que el soñador será jorobado. Si ese hombre es moreno; el que sueña se volverá medio loco.

AMPUTACIÓN.— Verla practicar: pérdida de un amigo. —Ser amputado: pérdida de bienes.

ANDAR.— Con paso firme, denota una instrucción provechosa. Andar por encima de piedras (Véase Piedras). Andar hacia atrás presagia pérdidas y disgustos. Andar, ir por el agua. (Véase Agua). Andar de noche. (Véase Noche). Andar acá y acullá significa que te verás víctima de un engaño.

ANDRAJOS.— Contemplarlos: vergüenza y miseria. —Revolverlos grandísimos pesares.

ANCLAS.— Ciertamente será próspero el viaje pero no estés fuera mucho tiempo. Es necesario que ahorres en el banco.

ÁNGEL O SANTO.— Cuando se ve uno en sueños, es una advertencia para que el soñador se arrepienta y trate de vivir bien. Este sueño significa también honores y dignidades. Si se ve a un Ángel o santo volando hacia alguno o hacia tu casa, es señal de alegría y de buenas noticias.

ANIMALES.— Cuando se le da de comer, es señal de buena fortuna, de prosperidad. Cuando se sueña sólo con un animal cualquiera, es presagio de noticias de un ausente.

ANIVERSARIO.— Querella o riña doméstica. Presagio de una enfermedad.

ANTEOJOS.— Desgracia muy grande con los animales de cuatro patas. Ten cuidado con una pelota que te caerá encima.

ANTEPASADOS.— Recordarlos: desgracia de familia. —Verlos: disgustos promovidos por los parientes. —Hablarles: pleitos entre parientes cercanos.

ANZUELO.— Superchería. Abuso de confianza.

Apagador.— Señal de luto. Está preparado.

APARICIÓN.— De cualquier clase que sea: signo fatal. Ten dos agujas en forma de cruz colocadas debajo de la solapa de tu saco.

APETITO.— Partida de parientes o de íntimos amigos.

APRIETO.— Pérdida de dinero. Falsas noticias. Ambición.

APUESTA.— Incertidumbre. Atolondramiento.

ÁRABE.— Guárdate de usureros que te puedan explotar.

ARADO.— Atiende con diligencia tu ocupación y no te atengas a la lotería, a los tesoros enterrados. El trabajo del campo bien hecho produce.

ARAÑA.— Cantidad de dinero proporcionada al tamaño del insecto. Traición. Si se la mata, es presagio de pérdida de dinero. Dormir junto a una araña indica una gran satisfacción.

ARAÑAZOS.— Hechos por un gato, son anuncio de enfermedad y de aflicciones para el que sueña que los recibe. Arañazos de una mujer aconsejan perseverancia y obsequios a quien los recibe; por un niño, predicen que si no te casas tendrás muchos disgustos con las mujeres.

ÁRBOLES.— Cuando se sueñan verdes o en flor, significa olvido de penas pasadas, alegría, recreación inesperada. Si se ven derribados, quemados o heridos por el rayo, es señal de enojos, temores, dolor, desesperación. Si están sin flores, indican despacho de negocios. Secos: pérdida inesperada. Abuso de crianza. —Floridos: alegría y dulce satisfacción. —Cubiertos de frutos: esperanzas. —Derribar un árbol: mal cruel y pérdidas. Estar trepado en un gran árbol: poder, dignidades y buenas noticias. —Caer de un árbol: pérdida de empleo o de favores de un grande. Recoger el fruto de un árbol viejo presagia una herencia que proviene de parientes ancianos. Soñar que uno se transforma en árbol es señal de que caerás enfermo.

ARCO IRIS.— Por la parte del Oriente, bienestar, comodidades riquezas, restablecimiento de la salud. —Por la parte del Poniente: feliz presagio para los ricos, pero malo para los pobres. Verlo encima de tu cabeza o cerca de ti, mudanza de fortuna, peligro de muerte, ruina en la familia por el juego.

ARDILLA.— Es una señal segura de que se obtendrá dinero pronto, por parte de una persona muy ahorrativa. También es una advertencia de que hay que tener cuidado con el dinero no gastando lo innecesario. Conserva tu dinero en el banco, se te aproxima una gran oportunidad que debes aprovechar.

ARETES.— Tendrás una hija de extraordinaria belleza, la cual será tu perdición, si no se corrige tu vanidad. El hijo que tendrás será virtuoso y te recompensará lo que hagas por él.

ARGOLLA.— Ver a uno atado en ella es señal de triunfo sobre un enemigo. Estar atado a una argolla es señal de compromisos invencibles.

ARLEQUÍN.— Ver en sueños a un arlequín es presagio de una pena que se desvanecerá muy pronto. Malicia. Travesura. Ir vestido de arlequín.

ARMARIO.— Riqueza. Si está lleno: desconfía de tu mujer. Si está vacío, es señal de que saldrás herido en una contienda.

ARMAS.— Si se ven en haces, es señal de que recibirás honores. Ser herido por un arma blanca indica cura de una enfermedad. Tenerlas en la mano presagia un buen éxito. Tirar al florete es señal de convalecencia y salud.

ARTIFICIO (fuego de).— No pases el tiempo en diversiones banales, porque te ocasionarán graves disgustos.

ARTISTA.— Placeres varios.

ARRAS.— Regalo que costará caro.

ARREPENTIMIENTO.— El que sueñe que se arrepiente lo hará en breve plazo; pero no sinceramente, sino por temor.

ARRESTO.— Si se ve arrestar a otro, robo audaz; si es el que sueña el arrestado, indicará tu falta de afición al trabajo.

ARROZ.— Comerlo presagia una gran abundancia o una indigestión.

ARRUGA.— Salida de apuros mediante matrimonio. Galanteo por pasatiempo. Salud.

ASALTO.— Presenciado: intervención en un duelo. —Tomando parte en él: hecho heroico.

ASESINATO.— Convalecencia. Ten cuidado con los lugares oscuros.

ASESINOS.— Soñarlos indica una próxima reunión con los parientes más queridos.

ASFIXIA.— Tendrás santa muerte.

ASMA.— Traición que descubrirás, y de la cual te vengarás. Si hubieras estudiado, otra cosa sería.

ASTUCIA.— Planes de un hombre que intenta engañar a una mujer. Propósitos de una mujer que se propone burlar a un hombre.

ATAÚD.— Si lo sueñas, paresúrate a mudar de conducta y poner tu confianza en Dios; perdona a tus padres o acata tu memoria, pues, de lo contrario, sufrirás terribles desgracias, en los días que te quedan de vida.

ATRODICIDAD.— Allanamiento de dificultades. Pleito perdido. Calaveradas insolentes.

ATURDIMIENTO.— Señal de una próxima curación. Hombre que habla inglés vale por dos.

AUDACIA.— Buen augurio; todo te saldrá a pedir de boca. Compra avellanas.

AULLIDO.— Chismografía. Pleito perdido. Buen amigo.

AUREOLA.— Si rodea tu cabeza, buen presagio; si brilla en la testa de un rival o de un enemigo, serás vencido. Si resplandece en el rostro de una mujer, procura ser amado por ella.

AURORA.— Casamiento frustrado. Gloria. Salud. Debe nivelar sus gastos o viene la catástrofe.

AUSENCIA.— Soñar con los que se hallan lejos es señal de que vuelven. Si se sueña que el ausente llega con una buena noticia es indicio de una rica herencia, de un matrimonio próximo a realizarse o del nacimiento de un hijo.

AUTOMÓVIL.— Trata de llenar tus trojes de grano y laboriosidad para que no te falte en tiempo de escasez. Antes de comprar un auto fíjate si lo podrás sostener siempre y no hagas el ridículo.

AUTOPSIA.— Presenciarla: negocios llenos de dificultades. —Practicarla, obstáculos insuperables. Si te hallas sometido a ella, no tardarás en empobrecer.

AVARO, AVARICIA.— Si sueñas ser avaro, encontrarás tesoro o herencia; pero al mismo tiempo tu ineptitud estropearás un negocio que podía dar grandes resultados.

AVENIDA.— Dentro de poco tiempo conocerás a una persona que te agradará, intimarás con ella, y con ella te casarás. Tu matrimonio será feliz, y una herencia vendrá a colmar tu dicha.

AVESTRUZ.— Señal de que se oirán discursos insustanciales. No asistas a las juntas que te inviten.

AVIÓN.— El viaje que deseas hacer te producirá bellas emociones, pero debes tener mucho cuidado, pues hay peligro.

AYUDAR.— A algunos indica un próximo viaje lleno de peligros por falta de dinero.

AYUNO.— Temores infundados.

AZOTAR.— A alguien, paz en el himeneo a los casados, y felicidad en el amor a los solteros. Azotar un amante a tu querida, o viceversa: no durará mucho tu intimidad.

AZÚCAR.— Falsedades. Aspereza de carácter.

AZUFRE.— Pureza. Justificación. (Véase el sol.)

B

BABA.— Casamiento seguido de: herencia. Alegría.

BAILARINA.— No pases por debajo de una escalera. Si es bailarina ten cuidado con tu reputación. Tus desgracias podrías remediarlas tú mismo con tu propio esfuerzo. Seguramente que encontrarás lo que deseas, pero debes tener mucho empeño y continuar con muchos esfuerzos. Si es bailarín, las cosas saldrán mal.

BAILE.— Hallarse en un baile o asistir a la representación de un baile indica alegría, placer, recreación, sucesión, y también un próximo casamiento.

BAJAR.— Tormento.

BALANZAS O BÁSCULAS.— Soñar con balanza es apelar a la justicia. No seas mentiroso y se salvará tu gran proyecto. Al intentar lo que deseas procura no hacerlo de mala fe, porque al fin lo que se hace con doble intención sale muy mal al final.

BALAS.— De cañón: grande escasez de medios. Bala de plomo: anuncia un peligro extremo.

BALAZO.— Noticia desagradable. Ten cuidado.

BALCÓN.— Buena suerte. —Estar con una señora en un balcón es señal de la alta sociedad.

BALSA.— Descubrimiento que origina un gran disgusto. Se reservado y no habrá peligro.

BALLENA.— Gran peligro. Si se ve en alta mar, es señal de socorro imprevisto. —Ballena de corsé: placer de amor, próximo casamiento de uno de tus amigos.

BANCARROTA.— Despacho de negocios. Feliz desenlace de tus enredos.

BANCO.— Falsos ofrecimientos de servicios. Buen éxito en la sociedad. Si el banco es de madera, es señal de promesas que se realizarán pronto. Si de hierro, es consejo para que aceptes los regalos que se te presentan. — Banco de iglesia: casamiento engañoso. —Banco de arena: indica salud. **BANQUETE.**— Despacho de negocios. Placeres logrados a demasiado costo y que conviene evitar. —Banquete nupcial: alegría y prosperidad.

BAÑO.— Preparar un baño es presagio de un sitio militar o de una batalla. Ver un baño lleno, pero sin nadie dentro, es señal de aflicción. Desnudarse sin entrar en el baño es indicio de un descontento que se calmará pronto. Entrar en un baño chico demasiado caliente o frío, es señal de disgustos domésticos, en proporción al exceso del calor la frescura del agua. Cuando el baño es de un calor moderado, indica prosperidad, salud, alegría. —Baño de mar: honor sin provecho.

BARBAS.— Si se sueña que se tienen unas barbas largas y hermosas, es señal de que te saldrán bien todas tus especulaciones. Barba negra indica penas y pérdidas. Barba roja, próxima falta. Barba recién afeitada, pérdida de bienes, honores o parientes. No tener barba o ser barbilampiño es señal de riquezas. Una muchacha con barbas anuncia una próxima y buena boda. Afeitar a una mujer casada o verla con barbas es signo de la muerte del marido o de una separación de ambos esposos. Si una muchacha sueña que tiene barbas, es señal de que se casará pronto y a tu gusto, y que tendrá muchos hijos. Cuando una mujer encinta sueña que es barbuda, es presagio de que tendrá varón. Si sueñas que pierdes las barbas o que te las arrancan, es signo de pérdida de bienes o de la muerte de un pariente. Lavarse la barba indica tristeza, enfermedad. Verla seca, alegría. Ver una barba de oro indica el calor de los atractivos ocultos de la mujer con quien te habrás de casar. Verla de plata es señal de que te engañarán en la calidad de los cabellos de la novia.

BARCO O BARQUILLA.— Pasear en una barquilla o bote es señal de alegría, prosperidad y acierto en una empresa, cuando el tiempo esté sereno; pero si es tempestuoso y el agua está agitada, indica lo contrario. Ver simplemente una barquilla es peligro, señal de fáciles y numerosos provechos. En general, un paseo apacible por el agua es buen presagio, sobre todo para negocios y pleitos embrollados. Si, estando en un barco sueña que salva a una mujer que cayó al agua, es signo de favores efímeros.

BARRANCO.— Galán que huye para refugiarse al lado de una viuda.

BARRER.— Limpieza, salud. —Barrer tu casa: confianza bien justificada. Barrer una bodega: malos negocios.

BARRICADAS.— Verlas: espanto. —Contribuir a formarlas: peligro, disputas entre parientes, graves disgustos.

BARRILES.—Abundancia. En tus desgracias no te sientas mano sobre mano; anímate y la fortuna, si trabajas; te enseñará tu cara risueña otra vez. Si se sueñan toneles deberás tener cuidado con los amigos.

BARRO.— Llenarte de lodo es presagio de males físicos; resbalar y caer en él, fortuna aciaga; sacarlo del río, prosperidad material.

BÁSCULA.— Tendrás grandes disgustos seguidos de sucesos agradables y bienes de fortuna.

BASTÓN.— Comprarlo: salvación de un peligro. —Apoyarse en él: enfermedad.— Golpear con él: daños materiales. —Ser golpeado: pérdidas por negligencia.

BATIRSE.— Con un perro: fidelidad. —Con un gato: traición. —Con una serpiente: triunfo.

BAUTISMO.— Presagio feliz. Bautismo de una campana anuncia negocios pecuniarios. De un buque: viaje imprevisto.

BAZAR.— Orgullo castigado.

BEBER.— Agua fría, imponderables riquezas. —Caliente: enfermedad —Tibia: disgustos.

BENDECIR.— A alguien: aflicción pasajera. Ser bendecido: instantánea alegría.

BARROS.— Penas y dificultades en las empresas.

BESAR.— La tierra: humillación y pesares. Besar las manos a alguien es señal de amistad y provecho. Dar un beso en el rostro indica temeridad coronada por el éxito.

BESTIAS.— Verlas correr indica sinsabores amargos. Ser perseguido por ellas es señal de ofensas por parte de enemigos. Oírles hablar es presagio de un próximo mal. Debatirse con ellas indica sufrimiento y achaques debidos a las bebidas alcohólicas.

BIBERÓN.— Nacerá un hijo, pero si no es corregido a tiempo, será un manantial de inquietudes.

BIBLIA.— Verla indica íntima alegría. Leerla, calma de conciencia.

BIENES.— Soñar que se tienen muchos bienes es signo de tristeza. Hacer bien indica satisfacción interior.

BIGOTES.— Largos, indica aumento de fortunas. Cortados o arrancados. veáse Barba.

BILLAR.— Ver jugar al billar anuncia poca certeza en los negocios y provechos.

BILLETES.— Bonito triunfo amoroso. De entierro; útil precaución. De aviso cualquiera: gastos infructuosos. De lotería: los números que se ven en él saldrán premiados, y si el billete no tiene número, es señal de gastos inútiles y de prodigalidad.

BIZCOCHO.— Lucro y salud. Toma cerveza, pero no olvides hacer ejercicios para mejorar tu salud.

BLANCO.— Castidad. Alma pura. Todo saldrá bien pero cuide de tu persona lo más que puedas.

BLUSA.— Ponérsela: viaje. Quitársela: recaída de un convaleciente. Sucia, mala noticia.

BOCA.— Soñar que la tiene cerrada, sin poder abrirla, es indicio de peligro de muerte. La fetidez del aliento anuncia desprecio público o traición de sirvientes. Tener la boca más grande de lo que es indicado, aumento de honores y bienes.

BODA.— Pequeña satisfacción, (Véase Casamiento). No tengas confianza en que te presten dinero.

BODEGA.— Próxima enfermedad. Está alerta.

BOFETADA O BOFETÓN.— Dar una bofetada es signo de paz y concordia en casa; si el abofeteador no es casado: será afortunado en sus amores.

BOLOS (juego de).— Jugar a los bolos indica penas y desgracias. Verlos caer, mudanza de lugar, ruina de un personaje, pérdida en el comercio.

BOLSA.— Cuando está llena, no se crea que es signo de prosperidad pues indica aflicción, miseria y ruina; una bolsa vacía, es señal de contento y comodidades. Ver una bolsa o lonja de comercio indica negocios u operaciones lucrativas con buenos resultados.

BOLSILLO.— Encuentro agradable. Espera.

BOMBA.— Alegría. Beneficio. Sorpresa. Bomba seca: pobreza, fallecimiento.

BOMBEROS.— Aptitud para los negocios. Desprendimiento. Generosidad. Heroísmo. Poca recompensa.

BOSQUE.— Numerosas ocupaciones, pero de provecho dudoso.

BOSTEZO.— Muerte poco sentida.

BOTAS.— Soñar con botas indica riqueza segura. Ver botas nuevas es señal de acierto en tus empresas; viejas, son signo de querellas sin motivo. Mandar a hacer un par de botas es anuncio de un próximo viaje. Vender botas es indicio de la muerte de un pariente que nos ha causado muchos males.

BOTELLA.— Cuando están llenas, indican alegría, canciones. Si se ven rotas, es signo de tristeza. No se debe olvidar que el que se acompaña de tahures, tramposos, ladrones y borrachos, nunca es respetado, aunque tenga una fortuna. La gente siempre está enterada. Toma de vino lo que el hombre sobrio, pero no te emborraches. Una copa tomada de más puede ser la causa de tu mayor desgracia.

BOTONES.— Usurero, fraude, hombre embrollón, y dificultades por un amigo íntimo.

BRAVO O BRAVURA.— Si sueñas demostrar tu valor ante el peligro, serás apreciado por tus conciudadanos. Si es ante la desgracia, indica tu entereza de carácter, que te hará realizar todos tus propósitos sin temor a los obstáculos que se te presenten.

BRAZALETE.— Venderlo: desgracia y grandes pérdidas de fortuna. —Comprarlo: esclavitud. —Extraviarlo: grandes pesares que se interrumpirán con buenas noticias y dichas sin cuento.

BRAZO.— Soñar que se tiene un brazo cortado es anuncio de la muerte de un pariente o de un sirviente del sexo masculino, si el brazo amputado es el derecho; si es el izquierdo, la muerte será de uno del sexo femenino. Tener ambos brazos amputados es señal de cautiverio o enfermedad. Si un simple particular sueña que tiene los brazas rotos o flacos, es señal de aflicción o enfermedad de un miembro de tu familia; si el que tiene este sueño es un personaje de rango elavado, es indicio de un desastre público, tal como derrota de ejércitos, hambre o epidemia; si la que tiene este sueño es una mujer casada, anuncio, para ella, de una próxima viudez o, cuando menos, de una separación de cuerpos. Brazos sucios indican angustias, apuros. Brazos hinchados anuncian riquezas para un hermano o pariente que se aprecia. Brazos fuertes y robustos son signos de felicidad, cura de una enfermedad o salida de apuros. Sueltos y bien proporcionados, presagian gracias que se recibirán. Verlos mayores y más robustos de lo que se tienen es signo de alegría y provecho; si es una mujer la que tiene este sueño, es para ella indicio de aumento de fortuna y de que tu marido tendrá más poderío. Brazos velludos indican adquisición de nuevas riquezas.

BRINDIS.— Alegría por natalicio deseado.

BROCHA.— Grandes preocupaciones. Pintar la casa: alegría y ratos felices.

BROCHES.— Comprarlos, falsa alarma. —Venderlos: asociación de enemigos que han jurado perder al que sueña. —Perderlos: falsa acusación.

BRUJA.— Tendrás algunas dificultades en tus negocios o empleo. Tenga cuidado al caminar, pues una cáscara de fruta tirada en la calle te puede producir un mal rato. Consulta un libro sobre Quiromancia.

BUENAVENTURA.— Dicha por una gitana, a otro: vigilar a tus enemigos. —Dicha al que sueña: celebridad. Buena suerte.

BUEYES.— Los bueyes, en sueños, indican que se tendrá un criado fiel, que será de gran auxilio; suelen también ser signo de paz doméstica. Ver un buey gordo es señal de buen tiempo y de una próxima felicidad; los bueyes flacos anuncian carestías de los cereales y legumbres, y por consiguiente, hambre. Bueyes sin cuernos anuncian enemigos desarmados. Cuando se ve pelear a los bueyes, es anuncio de próximas enemistades. Cuando los bueyes van a beber, es mal signo.

BUHÓ.— Soñar que canta por la noche es signo de muy mala suerte; se contrarresta con poner precisamente siete granos de sal en la bolsa. Si el búho que canta es blanco, el augurio es contrario, todo saldrá bien y no hay por qué tener preocupaciones.

BUTIRE.— Enfermedad larga y peligrosa. Triunfar de un buitre es recobrar la calma. Fortuna favorable.

BUÑUELOS.— Hacerlos: intriga funesta. —Comerlos: placeres sensuales.

BUSTO.— Ver un busto cualquiera indica riquezas y consideración.

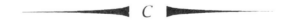

C

CABALLERÍA.—Desolación. Cuídate de una coz. —No olvides que existe la justicia.

CABALLETE.— Engaño de mujer, si es nuevo; usado, estafa.

CABALLO.— Este sueño es generalmente de buen agüero. Tomar un caballo o montarle indica un éxito seguro. Castrar un caballo es señal de peligro de una falsa acusación. Soñar con un caballo negro predice una esposa rica, pero mala; si el caballo es blanco, la esposa será bella, virtuosa, y habrá bienes que recoger. Un caballo cojo es indicio de obstáculos a tus empresas. Ver correr a un caballo es señal de buen tiempo y que tus deseos se cumplirán. Ir a caballo en compañía de hombres indica dicha y provecho desproporcionado: insuficiente, ruina segura y traición. Caballo bien enjaezado presagia un rico establecimiento.

CABAÑA.— En los bosques: trabajo penoso.

CABELLOS.— Si son negros, cortos y encrespados, indican tristeza e infortunio. Cabellos bien peinados son señal de amistad y fin de malos negocios; desgreñados, indican cuidados, dolores, ultrajes, querellas. Cabellos caídos, pérdida de amigos. No poder desenredar sus propios cabellos es señal de pleitos largos y difíciles. Tener la cabellera larga como una mujer indica molicie y engaños por parte de una mujer. Ver encanecer los cabellos, agotamiento de fondos, decadencia de fortuna. Ver a una mujer sin cabellos, hambre, pobreza, enfermedad. Hombre sin cabellos, abundancia, riqueza, salud. Soñar que se corta el pelo o la barba a alguno, anuncia una empresa segura y venganza y que aquel a quien se pela tendrá el provecho. (Véase Afeitarse y Perfumarse).

CABEZA.— Ver una cabeza sin cuerpo es señal de libertad; una cabeza blanca indica alegría; lavarse la cabeza, preservación de todo peligro. Cortarla, pérdida e injurias. Una cabeza disecada es signo de buena suerte para jugar en la lotería. Cortarla a una persona armada, indicio de que se entrará a servir a algún gran personaje rico. Si un prisionero sueña que le cortan la cabeza, es signo de libertad; si el que tiene este sueño es un enfermo, es signo de que recobrará la salud; si es un afligido, señal de consuelo; si es un deudor, se pagarán sus deudas; si es una persona de un rango elevado, verá aumentar sus dignidades. Si una persona conocida corta la cabeza al soñador, es signo de que éste participará de los placeres, fortuna y dignidades de quien le decapita. Si quien corta la cabeza es un niño, es signo de muerte para un soñador enfermo de honores, para un sano; de nacimiento de un hijo varón, para una mujer encinta. Cabeza cortada por asesinos o bandoleros anuncia pérdida de hijos o parientes, herencia de marido o de mujer. Ser decapitado por la justicia es señal de que se desvanecerán toda clase de fastidios, que desaparecerán los malos negocios, con tal que éstos no sean comerciales o financieros, porque en tal caso el sueño es funesto. Tener una cabeza de negro es indicio de viajes lejanos y de despacho de negocios. Tenerla pequeña, ligera o puntiaguda es señal de flaqueza de ánimo, de servidumbre y de deshonor. Tenerla más gruesa y alta de lo que realmente es, indica dignidades eclesiásticas o jurídicas, ganancia de un pleito, victoria sobre tus enemigos, ganancias en la bolsa o en el comercio; y si el que sueña es un enfermo, tendrá una violenta calentura. Cabeza hinchada, riqueza y provecho para los superiores. Tener cabeza de lobo o de cualquier otro animal feroz es indicio de buen éxito en las empresas de respeto y consideración de parte de sus conciudanos. Tener un mal cualquiera en la cabeza es señal de que el que sueña no cobrará nada de sus acreedores. Tener dos cabezas es indicio de sociedad o asociación. Tener en la mano tu propia cabeza es señal de pérdida de esposa o hijos, si el que sueña es casado.

CABLE.— y maromas de buques.— Próximas noticias de deudores y corresponsales.

CACAO.— Noticias de amante ausente.

CADAVER.— Véase Muerte.

CADENA.— Melancolía. Romperlas anuncia tormentos morales. Llevarlas es signo de privaciones y reveses imprevistos, seguidos de satisfacciones.

CADERAS.— Soñar que se tienen más grandes y más fuertes de lo que son es señal de alegría, salud y numerosa posteridad. Verlas rotas, de modo que impidan poder moverse, es signo de aflicción, enfermedades y pérdidas de hijos. Tenerlas lastimadas por una estocada, latigazo o garrotazo, es indicio de una muerte próxima o de desgracias conyugales. Tener las caderas rotas por en medio es señal de mutua desconfianza entre esposos y miembros de una misma familia.

CAER.— Deshonor. Caer y levantarse varias veces es signo de honores. Caer en el agua o en el mar y despertarse sobresaltado indica trato con una persona casada, pérdida de la salud, de honores y bienes, sumo trabajo para preservarse de acechanzas de envidiosos y enemigos. Si el sueño se prolonga, es señal de persecuciones. Ver caer muebles u otros objetos, pesares y trastornos domésticos.

CAFÉ.— Ver tostar café es señal de sorpresa agradable. Beber café es presagio de larga vida. Hallarte solo en un café anuncia un cruel abandono. Estar sentado en un café con compañía presagia penas y ruinas ajenas.

CAJA.— Distinción. No hipoteques la casa que tienes.

CAL.— Compra de finca que te obligará a gastar mucho dinero.

CALABAZA.— Vana esperanza. Curación de enfermedad.

CALABOZO.— Véase Cárcel o Presidio.

CALAVERA O CABEZA DE MUERTO.— Indica que se has de ser previsor, y que conviene guardarte de horribles trampas y de acechanzas, de los falsos amigos que te adulan.

CALCETINES.— Si no quieres arruinarte pon más orden en tus negocios y más economía en tus gastos. Cuando sepas del amor adverso procura descubrir al calumniador, y él será confundido en presencia. Para todas las cosas ten presente los números nones. Ver a una persona con un solo calcetín, molestias y gravedad en asuntos familiares.

CALDO.— Calumnias por celos. Usa algo de color negro. Ten en cuenta que existe la astrología.

CALENDARIO.— Noticias inesperadas. Encontrarás muchos obstáculos, pero por último llegarás adonde te propones. Deberás tomar una póliza de vida o un título de ahorros. No olvides ser previsor.

CALENTURA.— Desmesurada ambición.

CÁLIZ.— Verlo: sentimiento religioso. —Beber en un cáliz: desgracia. Asiste a misa.

CALLE.— Ancha: Seguridad. Estrecha y oscura: peligro. Ten cuidado · con lo que puede caer del cielo. —Ahorra en un banco.

CALOR.— Tener calor es anuncio de una larga vida.

CALUMNIA.— Contra el que sueña: petición de favores. —Contra otro: castigo merecido.

CALVO.— Las debilidades con el amante harán reír a otra rival. Ten cuidado con el alcohol.

CALZANDO.— Elegante, es indicio de honores y provecho; en mal estado, vergüenza y pérdida de dinero. Sucios, malos negocios. Mucho te ayudará un amigo.

CALZONES.— Ten seguridad en tu empresa. Buenas relaciones entre parientes. Persigue tus metas y ambiciones con entusiasmo, impresionarás a los demás con tu actitud firme. Termina tus tareas con presteza, y ten en cuenta tu edad.

CAMA.— Estar solo en una cama es señal de peligro. Ver una cama bien hecha anuncia seguridad. En desorden, secreto que descubrir. Ver arder los pies de una cama, sin que se consuman, es buen signo para los hijos varones del dueño de la cama.

CAMARERA O DONCELLA DE SERVICIO.— Malas relaciones con alguno. Todo se sabrá, ten cuidado.

CAMELLO.— Soñar con él, presagia riqueza. Tus negocios serán para ti mina de riqueza, si eres diligente y sabes aprovechar el tiempo que pierdes miserablemente sentado en el café. Las dificultades domésticas llegarán a tu fin muy pronto.

CAMINO.— Seguir un camino derecho y fácil es señal de alegría y prosperidad, y cansado anuncia todo lo contrario.

CAMISA.— Bienestar futuro. Quitarte la camisa anuncia una esperanza defraudada. Llevar una camisa rota es señal de buena suerte.

CAMPANAS.— Oír tocar las campanas es señal de alarma, querellas, sedición. Verlas sin badajo es signo de impotencia. Hoy se presenta la oportunidad de simplificar tus actividades, estudiando nuevos métodos más eficientes. Trabaja con verdadero entusiasmo y alegría y saldrás adelante en la empresa que te propones. No descuides tu salud y no olvides hacer ejercicio.

CAMPO, CAMPIÑA.— Ir a un día de campo, por placer, es señal de que tu hacienda peligra. Pasearte por un campo arbolado indica un próximo casamiento poco feliz. Vivir en el campo anuncia modestia, virtud, trabajo dicha y magnífica salud.

CAMPO, CAMPAMENTO (militar).— Hallarse en un campamento indica persecuciones de parte de los enemigos. Formar parte de un campamento indica amistad franca y generosa. Ver un campamento, sin hallarse en él, denota valor y honor. Pasearse por un campamento es señal de distinción, gloria y recompensa.

CANARIO.— Viaje lejano si el canario se escapa de la jaula. Pocas probabilidades de regresar, pues las perspectivas en otro país serán mejores que las que se presentan el donde éstas. Pero ten en cuenta que hay que trabajar mucho.

CÁNCER.— Si ves a otro atacado de cáncer: enfermedad peligrosa, de la que curarás. Si estás atacado: malos negocios, seguidos de suicidio.

CANCIÓN.— Cantarlas: malas compañías. Oírla cantar: decepciones amorosas.

CANDELERO.— Encendido: felicidad de la persona amada. Apagado: muerte de alguna persona querida. Con la llama vacilante: dificultades amorosas. Si el candelero tiene siete velas, males vendrán.

CANSANCIO.— No te dejes ante los obstáculos que se te presenten en tus empresas.

CANTAR.— Oír cantar presagia un misterio de amor. Suplicar a alguno que cante indica fortuna para la vejez. Pedir que cante indica fortuna para la vejez. Pedir que cante uno mismo es señal de amarguras.

CANTARO.— Pérdida por torpeza personal o ajena.

CANTO.— El de los pájaros es señal de alegría y de placeres. Oír el de una persona indica seguridad en los negocios.

CAÑA.— Riesgo de ruina.

CÁÑAMO.— Justo premio a tu laboriosidad.

CAÑÓN.— Oír un cañonazo en sueños es indicio de una próxima ruina. Ver cañones es signo de discordia y de disolución de una compañía o sociedad.

CAPA.— Señal de dignidades. Capa de gran desafío o muerte a traición.

CAPILLA.— Alma pura. Sentimientos religiosos. Vuelta al buen camino.

CARA.— Ver una linda cara es señal de honor y larga vida.

CARACOL.— Llegada de persona a quien creías muerta.

CARBÓN.— Soñar que se come carbón es indicio de daños. Verlos encendidos y ardientes aconseja que tomes precauciones contra tus enemigos. Si están apagados indican muerte o enfermedad, según el calor que conserven las brasas después de apagadas. Carbón de piedra: negocios, actividades y riquezas.

CÁRCEL.— Soñar que se entra en la cárcel es señal de salvación. Vivir en ella significa consuelo. Salir de ella anuncia un peligro de muerte.

CARESTÍA.— Abundancia, bienes de fortunas. Consuelo de varios pesares.

CARETA.— Astucia. Engaños. Falsos amigos.

CARIDAD.— Hacerla: buen corazón, negocios prósperos. —Recibirla: desgracia.

CARNAVAL.— Ruina segura si no pones mucho cuidado en tus negocios.

CARNE.— Comer carne humana anuncia bienes de fortuna adquiridos por medios reprensibles. Si está sangrienta es señal de felicidad. Si es de color de rosa, indica buena salud. Negra, traición.

CARPA.— Salud débil. Pérdida de un pariente o amigo.

CARRETAS.— Verlas en sueños denota una próxima indisposición. Verlas bajar por un declive indica pérdida de honores. Escándalo público. Acaso una condena.

CARRO.— Ambición. Honores inmerecidos.

CARTAS.— Escribirlas a tus amigos o recibirlas de ellos es señal de buenas noticias.

CARTELES.— Soñar que se pegan carteles es signo de deshonor. Si se leen, indican un trabajo infructuoso.

CARTERA.— Misterio.

CARTERO.— Noticias de un ausente.

CASA.— Edificar una casa anuncia cuidados, pérdidas, enfermedades y hasta muerte. Pero si se ve la casa concluida, es signo de consuelo y de satisfacción. Ver temblar una casa es señal de peligro, de pérdidas de bienes o de peligros para el dueño o el inquilino.

CASAMIENTO.— Casarse es generalmente, señal de enfermedad o melancolía si es en una mujer fea, es anuncio de grandes disgustos, acaso de muerte; si es con una hermosa, es presagio de alegría, dicha y muchas venturas. Casarse con una doncella indica honor sin provecho, con tu propia hermana; es signo de un gran peligro. Por amor: buen augurio, felicidad. Por interés, ruina, desgracias.

CASADA.— Casamiento feliz.

CASCO.— Llevarlo, vana esperanza. —Ver muchos cascos: discordias familiares.

CATACUMBAS.— Recuerda el rico que esto sueña que, lo mismo que el pobre, no eres mas que polvo, y no seas tan orgulloso ni tan prendado de tí mismo: si eres pobre, felicidad en la otra vida.

CASTILLO (fortaleza).— Resistencia imprevista.

CAZA.— Sospechas. Estafas. Ver una mujer que está cazando indica comercio sin beneficio. Ver muchos cazadores juntos es señal de ganancias importantes. Ir a caza anuncia una ganancia segura. Matar mucha caza es señal de un próximo casamiento muy ventajoso para ti.

CAZUELA.— Enamoramiento.

CEBADA.— Beneficios. Riquezas.

CEBOLLA.— Penas por amor. Cuida a tu mujer.

CEDRO.— Ancianidad feliz y rodeada de las personas más queridas.

CELOS.— Si sueñas tenerlos te casarás pronto y con felicidad; si los tienen de ti, castigo de una mala acción. Sé justo y evitarás maldades. Noticias importantes. Terremoto.

CEMENTERIO.— Próxima prosperidad. Véase Sepulcro.

CENAR.— Próxima enfermedad. Querella entre parientes. Con amigos, peligros graves.

CENIZA.— Enfermedad grave por diversiones imprudentes.

CENTENARIO.— Honra a los ancianos, y aprende de tu experiencia. Herencia de un lejano pariente.

CEPILLO.— Orden y vigilancia. —Cepillo de ánimas o de una iglesia: bautismo. Pérdidas de dinero.

CERA.— Prosperidad por el trabajo. Robo.

CERDO.— Comerlo: enfermedad. —Criarlo: parásitos que te explotarán. No tengas esperanzas en la lotería o de encontrar un tesoro. Tienes que ganarlo con tu trabajo. Ten cuidado con una mujer morena.

CEREBRO.— Tenerlo en buen estado indica dicha y buen acierto en todo cuanto emprendas; si está enfermo indica lo contrario.

CEREMONIA.— Religiosa devoción y sentimientos honrados. —Pública: falsos hombres y pasajeras distinciones.

CEREZAS.— Verlas significa placer y salud. Comerlas es anuncio de noticias; cuando son agrias indican llantos.

CERRADURA.— Robo, próximo. Asegura tus cerraduras. No será malo que cambies las combinaciones de las cerraduras de tu casa, alguna persona tiene duplicado de ellas, y en cualquier momento puedes recibir una sorpresa muy desagradable. No olvides que hay bancos.

CERVEZA.— Beberla anuncia fatiga sin provecho. —El que siembra vientos cosecha tempestades.

CICATRIZ.— Abierta: generosidad. Cerrada: ingratitud. Cruenta: sacrificio.

CIEGO.— Soñar que uno es ciego de nacimiento o desde mucho tiempo atrás indica un delito personal. Otros intérpretes dicen que este sueño aconseja que desconfiemos de todo el mundo. Volverte ciego es presagio de traición. Soñar con un ciego indica maulería de parte de un amigo.

CIELO.— Ver en el cielo un fulgor moderado, puro y luciente anuncia peligro de parte de algún príncipe o gran señor. Ver un cielo encendido indica ataque por parte de enemigos, pobreza, hambre, desolación; los enemigos vendrán por la parte del cielo donde esté el fuego. Cielo sembrado de flores es signo de que la verdad se descubrirá. Subir al cielo indica gran honor.

CIERVO.— Verlos correr es señal de ganancias. Matarlos o tener los despojos, aunque no sea mas que la cornamenta, es presagio de herencia por parte de una persona anciana; este sueño también indica triunfo sobre enemigos débiles. Si junto al ciervo está la cría, presagia una mudanza hecha por emergencia, por lo cual indica que no debes dar firmas de fiador y contraer responsabilidades ajenas.

CIGARRAS.— Langostas, abejorros, grillos. Estos insectos anuncian que te verás agobiado por habladores, vocingleros insoportables, músicos detestables, etcétera. También suelen predecir robos de cosechas o mal resultado de una enfermedad.

CIGARRO.— Victoria para el que lo fuma; desgracia para el que lo apaga; confianza, para el que lo enciende. Tirarlo en el suelo, una desgracia.

CIGÜEÑAS.— Verlas a pares indica casamiento y una posteridad numerosa y bien educada. Ver volar cigüeñas o grullas anuncia aproximación de enemigos o ladrones; si es en invierno, es señal de desastres.

CINTURÓN.— Llevar cinturón nuevo es presagio de honores; si está roto, indica daños; si es usado, es anuncio de penas y trabajos. Si es de oro, indica ganancias para quien lo lleva, y si es de plata, provecho algo mayor.

CÍRCULO.— Mejor es salir que permanecer en él.

CIRCUNCISIÓN.— ¿La practicas?: insultarás a alguien. ¿La sufres?: tu honor será ajado.

CIRIO.— Encendido: casamiento por inclinación; felicidad. —Apagado: muerte de persona querida.

CIRUJANO.— Tu presencia indica algún accidente, por lo que debes tener cuidado.

CIRUELAS.— Verlas: penas inútiles. —Comerlas: trampas mujeriles. Podridas o pasadas la estación: Dificultades con un vecino rubio y viejo.

CISNE.— Gozo. Salud. Secretos descubiertos. Si se le oye cantar, es presagio de la muerte de alguien que nos toca de cerca. Si es negro indica riñas domésticas.

CITA.— Amorosa: placeres peligrosos.

CIUDAD.— Habitada: riqueza. Incendiada: hambre. Destruida: miseria.

CLARIDAD.— Solución de un pleito; buenas noticias de un ausente.

CLAVO, CLAVAR.— La calumnia se cebará en el que sueña; pero tu honor saldrá limpio y brillante.

COBARDE, COBARDÍA.— Disgustos, desgracias, postración, pésimo augurio.

COBRE.— Rojo: muerte o enfermedad muy grave. Amarillo: prosperidad material. Herencia.

COCER.— Si es hombre, significa inutilidad, avaricia. Si es mujer, indica sus buenas condiciones de ama de casa y que salvarán la situación.

COCHE.— Nacimiento que origina sospechas. Coche antiguo, ilusiones tontas, poco dinero y mucha petulancia. La gente lo sabe todo, es inútil ocultarlo.

COCINAR.— Guisar en una cocina indica habladuría de mujer.

COCODRILO.— Peligroso amigo. Toca madera, con los dedos índice y meñique o has changuitos para la buena suerte.

CODO.— Chismes. Insolencias. Sorpresas desagradables.

CODORNICES.— Indicio de malas notadas que llegan por el mar debates, hurtos, acechanzas que se evitarán con dificultades. Oír cantar a las codornices es anuncio de deudas menudas y escandalosas. Comerlas es señal de que se pagarán las deudas. Desnidarlas indica desgracias.

COHETES.— Triunfo momentáneo.

COJO.— Soñar que uno es cojo o que lo es alguno de nuestros amigos es siempre mal signo, porque indica pereza, inacción y a veces un estado vergonzoso para la persona que cojea. Si el cojo está en la cárcel, es anuncio de un castigo proporcionado al crimen. Si la persona que cojea es rica, el sueño le presagia una próxima ruina.

COLA.— Afrenta. Deshonor. De caballo: asistencia, dicha y beneficios proporcionados a tu longitud; pero si está cortada, significa abandono de sus amigos y servidores, o de sus soldados, si el que sueña es militar.

COLADOR.— Si se hace uso de él: beneficios pagados. Prosperidad. Dicha familair. Si está abandonado: desgracia.

COLEGIO.— Encontrarse en él: recibirás alguna lección. —Asistir: laudable molestia. —Conducir a él a los niños: darás buen ejemplo.

COLGADO O AHORCADO.— Comer tu carne predice fortuna y favores de un grande, todo adquirido por medios vergonzosos.

COLINA.— Placeres morales y diversiones lícitas. Amistad beneficiosa.

COLORES.— Realización de todos los deseos del que sueña.

COLUMPIO.— Casamiento dichoso.

COLLAR.— Honores. Sigue trabajando.

COMADREJAS.— Amistad con una mala mujer.

COMEDIA.— Verla representar es señal de que saldra bien el negocio que tienes entre manos.

COMER.— Próximo engaño o dolor. Comer en tierra, en el suelo indica cólera, arrebato. Comer cosas saladas es señal de dolencia y murmuraciones. Si sueñas que comiste demasiado ten cuidado con tu salud. No olvides el vegetarianismo. (Véase los nombres de los manjares).

COMERCIO.— Estar ocupado en tu comercio es señal de próximos favores. Comerciar en lanas, provecho. En hierro, desgracias y pérdidas. En lienzo, seda, terciopelo u otras telas, presagia alegría y provecho. No olvides que el que escupe al cielo...

COMETAS (astronómicos).— Querellas. Discordia. Guerra. Peste o hambre. Se le presentará una magnífica oportunidad que debes aprovechar, para eso es necesario tener algo de dinero guardado.

CÓMOCO.— Maquinaciones perversas de pariente o amigo. Guárdate mucho de hipócritas.

COMILÓN.— Revela malas cualidades. Disipación. Codicia.

COMODIDAD.— Vida tranquila. Riqueza fácilmente obtenida.

COMPADRE, COMADRE.— Amor correspondido. Casamiento por inclinación.

COMPÁS.— Usarlo: fortuna en difíciles especulaciones. —Comprar uno: enfermedad dolorosa, pero de poca gravedad.

COMPOTERA.— Comprar una: voz melosa y agradable. —Venderla: fortuna mal adquirida. —Usarla: adulaciones y bajezas.

COMPROMISO.— Demencia. Antes de seguir un consejo reflexiona que tú eres el responsable, y no el que te aconseja.

CONCHAS O MARISCOS.— Si están vacíos es pérdida de tiempo de un crédito; si están llenos, son presagios de buen éxito.

CONEJO.— Verlo indica debilidad. Matar uno o algunos es anuncio de pérdidas y engaños. Comerlos, signo de salud. Conejo negro: penas. Blanco: amistad. Buena suerte. Juega lotería.

CONSEJOS.— Darlos: amistad rota. —Recibirlos: pesares. —Pedirlos: buen resultado de una empresa.

CONSENTIMIENTO.— Darlo: Pérdidas materiales. Muerte de una persona querida. Mala cosecha.

CONSTRUIR.— Tus planes no se llevarán a cabo, porque lo impedirá una enfermedad que quizás te mate.

CONTENTO.— Desilusión. Ruina. Peligroso accidente.

CONTRAVENENO.— Socorro oportuno que te librará de peligros gravísimos.

CONTRIBUCIONES.— Pagarlas: honra y mercedes justas por cumplimiento de un deber. —Dejar de hacerlo: mal augurio.

CONVALECENCIA.— Herencia próxima. Hijos para la mujer. Casamiento feliz para el hombre.

CONVENTO.— Hospitalidad tan ventajosa si se da como si se recibe.

CONVIDADOS.— Cuida mucho de tus compañías, que pueden ser perjudiciales.

CONVULSIONES.— Bancarrota fraudulenta de un deudor y pérdida del dinero que se le prestó.

COPA.— Dificultades que desaparecen. No te fíes de los que te dicen que son tus amigos, que como las moscas del verano andan zumbando alrededor de ti en tiempo de bonanza, pero después te darán la espalda.

CORAZÓN.— Afligido, indica una próxima y peligrosa enferme- dad. Herido, anuncia daño para el marido; si es una mujer soltera quien sueña, el daño será para tu padre o amante. Falta de espíritu o de corazón: presagia cercana muerte.

CORBATA.— Mal de garganta. —Quitársela: resfriado curado.

CORDERO.— Si sueñas que padecen o duermen, es señal de que tendrás un susto repentino. Si son tuyos, es presagio de consuelo. Cuando se lleva uno sobre la cabeza, es signo de futura prosperidad. Si matas alguno, esa muerte presagia un tormento.

CORONA.— De oro en la cabeza: favor de un príncipe o protección de un grande. Respeto por parte de los inferiores. Presentes. Tentación. Corona de flores: placeres sin remordimientos. Corona de huesos o muerto: pérdida de la vida o cuando menos, cruel enfermedad. Si se sueña con un jorobado que lleva una corona cualquiera, es signo de pedantería, arrogancia, mentiras e incapacidad. —Ten cuidado con el terrible cáncer.

CORONEL.— Gloria e indigencia.

CORRAL.— Cuidarlo: justo premio de la laboriosidad del que sueña. Descuidarlo: amor no correspondido.

CORREDOR.— Es indispensable que tú pongas cuidado en los nuevos métodos deportivos, si deseas tener éxito en tus propósitos. Lee con cuidado los periódicos, en ellos encontrarás consejos para lo que te propones. El color blanco deberás tenerlo en cuenta.

CORREO.— Casamiento apresurado para evitar contratiempo. Masque una flor blanca.

CORRER.— Feliz presagio, buena fortuna. Correr detrás de tu enemigo, victoria, provecho. Ver correr gente unos detrás de otros, indica querella y desórdenes. Si los que corren son niños, es señal de alegría y de buen tiempo. Si están armados de palos u otros instrumentos, es presagio de próxima guerra y de disensiones. Si el que sueña que corre es un enfermo, es mal signo para él.

CORRESPONDENCIA.— Entre amigos: amistad duradera. —Entre mujeres: amor contrariado.

CORTAR.— Suele ser buen augurio. Cada cosa que se corta significa un regalo.

CORTINA.— Corrida: honradez. —Cerrada: secretos. Doblez.

COSTADO.— Si está hinchado, es signo de riqueza para la mujer o el marido.

COSTILLAS.— Tenerlas raras o hundidas es señal de disputas y desazones entre esposos o entre parientes cercanos. Tenerlas más fuertes y anchas de lo acostumbrado presagia felicidad conyugal y prosperidad en los asuntos.

COSTURERA.— Joven y bonita, placeres materiales. Vieja y fea: reflexión.

CRIATURAS.— Ver los pies de las suyas indica alegría, provecho, salud, consuelo.

CRIMINALES.— Ver a muchos es presagio de la muerte de varias personas conocidas.

CRISTAL.— Amistad, aprecio o amor aparentes.

CRUCIFIJO.— Ora por tus difuntos para que intercedan por nosotros. Hoy es tu día por excelencia. Visita a quien más te aprecia, y no olvides que la amabilidad hace maravillas. Más moscas se cogen con miel que con hiel. Ten presente para sus actos el número uno.

CRUELDAD.— Hacer una crueldad anuncia tristeza, descontento.

CRUZ.— Salvacion, honor, peligros evitados. Ver cómo otro la lleva indica tristeza. Llevarla a cuestas, mal matrimonio.

CUADERNOS O FOLLETOS.— Amor a las ciencias y a las artes.

CUADRO.— De vivos colores: desgracia en el amor. —Obscuro: teme una enfermedad.

CUARENTENA.— Hacerla: presagia descuidos. Locura.

CUARESMA.— Seguida fielmente: honradez. Honores. Premios justos. —No observarla: maldad. Desprecio de las gentes honradas.

CUARTEL.— Patriotismo. Valor.

CUBETA.— Llena: penas. —Vacía, presentimientos funestos. Llena una cubeta de agua limpia. Hoy es un gran día para poner en vigor el plan que tienes. No perdones medios para descubrir al ladrón. Por tu casamiento tendrán envidia otras percas de tu sexo.

CUBIERTO.— De oro: avaricia. —De plata: justa ambición.   — Robado: traición.

CUBILETE.— Estad alerta porque intentan robarte. Tus proyectos no son descabellados, pero debes de trabajar con mucha energía para no fracasar en el negocio.

CUCHARAS.— De oro: luto desmedido. Ruina. —De plata: buena posición. —De estaño: felicidad pasajera. —De madera: buenos consejos aprovechados. Lo mejor de los dados es no jugarlos.

CUCHILLOS.— Injurias. Querellas. —Verlos cruzados: riña. Muerte. Recibir una cuchillada en la garganta: injurias y violencias.

CUELLO.— En general indica honor . Verlo más grueso o alto que de costumbre es señal de honor, riqueza y poder. Un cuchillo pequeño indica lo contrario. Torcido o echado a un lado, indica vergüenza, daño, infortunio. Cortar el cuello a alguno es señal de que te harás daño involuntariamente.

CUERDA O CORDÓN.— Dificultades. Estorbos. —Se descubrirá lo que esté oculto.

CUERNOS.— En la cabeza ajena indican una desgracia personal o pecuniaria para el que sueña. Cuando el que los lleva es el soñador, le predicen dominación, grandeza, autoridad. De buey o de cualquier animal furioso, es signos de cólera, orgullo, temeridad.

CUERPO.— Si es robusto, felicidades. Si se cae: teme a alguna mudanza. —Enteramente desnudo: honestidad.

CUERVO.— Es señal de malas noticias y de desgracias conyugales. Si se le ve volar es presagio de peligro de muerte para la persona hacia la cual se dirige en sueños. Oírlo: graznar, tristeza.

CUEVA.— Señal de trampa. Sal de tu casa caminando para atrás.

CUNA.— De niño: fecundidad.

CUÑADA.— Disgustos entre parientes o amigos.

CUPIDO O AMORES.— Señal que alguno de nuestros familiares va a ser herido en su sentimiento. Verle cojo o herido, fin de un amor antiguo. Verlo llorando, hay que tener cuidado con el amor que nos preocupa. Ninguna mujer vale la pena para que te se suicides.

CURA.— Predicando: consuelos a los que sufren. —Celebrando los oficios divinos: milagrosa salvación. —Encontrarle de paseo el que sueña: buena señal.

CURIOSIDAD.— Excitarla: cercana burla. —Ser curioso: inquietudes por causa propia.

CHAL.— Llevarlo: lujo moderado. —Comprar uno: casamiento con extranjero. —Venderlo: contratiempo inesperado.

CHALÁN.— Señal de impostura, de artimañas.

CHALECO.— Cuida más de tu bolsillo y de despilfarrar menos en adornarte y tus asuntos irán mejor. Existen los bancos en donde ahorrar dinero.

CHAQUETA.— Nueva: paz en la familia. —Usada: buena salud.

CHARLA.— Murmuraciones sin cuento. —¿Sueñas estar charlando?: tendrás intenciones perversas. —¿Escuchas gran cháchara cerca de ti?: cuidarse de no murmurar de tu prójimo.

CHARLATÁN.— Escucharle: falta de dotes intelectuales; comprar sus drogas el que sueña, desilusiones, disgustos, enfermedades.

CHINCHES.— Fastidio. Disgustos.

CHISME.— Teme a los pleitos como a la peste.

CHOCOLATE.— Paz en casa. Alegría. Salud.

CHORIZO.— Hacer chorizos es presagio de una pasión. Comerlos anuncia amoríos, para los jóvenes; para los ancianos, salud.

CHULETA.— De carnero, buena salud. —De ternera: salud enfermiza. —Comerla: convalecencia rápida.

DADIVAS.— Recibirlas de un poderoso: cambio de fortunas. —De un hombre: sano consejo. —De una mujer: amistad. —De un joven: desgracias. —De una joven: penas. —Ofrecerlas: ingratitud.

DADOS.— Ganar en un juego de dados es presagio de que se heredará de un pariente. No abuses de la paciencia de tus amigos, este es el modo de conservarlos contentos.

DANZA.— De teatro o de titiritero: ligereza. Falsedad: Infidelidad.

DEBILIDAD.— Si la que sueña es mujer, se casará con un anciano enfermizo. Si es hombre, desgracias, pérdidas en los negocios.

DECENDENCIA.— Obrar de acuerdo con ella: bondad. Buena suerte. —Fallar a la decencia: deshonra.

DECISIÓN.— Carencia de ésta: virtud en la vida real.

DECLARACIÓN.— Con resultados favorables, fortuna en los negocios. —Si es desfavorable, males grandes los cuales puedes sortear con mucha voluntad.

DEDO.— Quemártelo indica envidia y pecados. Tener los dedos cortados es señal de pérdida de amigas y servidores. Tener más de cinco en la mano indica nuevas alianzas, amistad, felicidad, provechos, herencia.

DEFENSOR.— Pérdida de tus bienes o muerte de un pariente.

DEFORMIDAD.— Burlarse de un deforme, mal corazón y estupidez porque si piensa en sí propio el que sueña, hallará deformidades quizás mayores.

DELANTAL.— Señal de servidumbre.

DELATAR.— Afrenta para el delator. Enfermedad aguda para la víctima.

DEMONIO.— Véase Diablos.

DENTISTA.— Mentira. Engaño. Cuida tus dientes.

DERRAMAR.— Vino o licores: inhabilidad para lo que se emprende.

DESAFÍO.— Asistir uno: enredo familiar o rivalidad de amigos. — Batirse en desafio: fatal obstinación. —Ser herido: fuertes desazones. — Ser muerto: divorcio o pérdida de un amigo. —Matar a alguien: luto por uno de la familia.

DESALIENTO.— No te vuelvas atrás ante los obstáculos vencibles, aun a costa de grandes trabajos.

DESCARO.— De mujer: imprudencia. De hombre: provocación y duelo fatal.

DECENDER.— De una montaña: pérdida de honores y quebrantos materiales.

DESCONFIANZA.— Tenerla: desdichas y muerte en la familia. — Ser objeto de ella: pureza de intención. Honradez.

DESCONOCIDO.— Ver a una persona desconocida es indicio de buen éxito en los negocios y de prosperidad, sobre todo si el desconocido es moreno y el soñador un hombre. Si quien sueña es una mujer y el desconocido tiene hermosos y largos cabellos es señal de que ambos se conocerán más tarde y se avendrán bien.

DESCUIDO.— Amores ilegales descubiertos.

DESENFRENO.— Estúdiate a ti mismo, si no quieres verte perdido. Si ves gente desenfrenada, cuida de no imitarla.

DESENTERRAR.— Un muerto: impiedad.

DESESPERACIÓN.— Experimentar una fuerte desesperación presagia una inesperada alegría. Si otro se desespera, serás llamado para consolarle. Levanta una herradura que encuentres en el suelo.

DESHEREDAR.— No seas pusilánime. Ten esperanza.

DESHIELO.— Miseria, para el rico. Riqueza, para el labrador. Buenos negocios, para el comerciante.

DESIERTO.— Dispendios y fatales placeres.

DESMAYO.— Dulce voluptuosidad.

DESMENTIR.— Desgracias. Para el enamorado, pérdida de tu amada; para el padre, del hijo; para el rico de sus bienes.

DESNUDEZ.— Estar desnudo indica enfermedad, pobreza, afrenta, fatiga. Correr desnudo augura parientes pérfidos. Estar en el baño con la persona que se ama: alegría, placer, salud. Ver a tu mujer desnuda anuncia engaños de que el soñador será víctima. Ver a tu marido desnudo es señal de seguridad y dicha en los negocios. Ver desnuda a una mujer de mala vida es augurio de desgracias que acaecerán por tu culpa. Ver a un amigo o a un sirviente desnudos, es señal de discordia y querellas. Si el hombre que se ve desnudo es hermoso y bien plantado, es anuncio de que se harán negocios comerciales. Una mujer desnuda; señal de honor y gozo; vieja, arrugada, negra y contrahecha, indica arrepentimiento, mala suerte.

DESOBEDECER.— Toda señal o acto desobediente indica la esclavitud que se sufrirá o que se experimenta. No olvides que existe la sal.

DESORDEN.— Promoverlo: miseria. —Contemplarlo: disgustos.

DESPEDAZAR.— Buena fortuna. Consuelo para las penas del que sueña.

DESTINO.— Cambio de éste: prosperidad y bienes materiales.

DESTREZA.— Mostrarla es presagio de dificultades que se vencerán con el trabajo. Indagar la destreza de alguno es pérdida de tiempo precioso.

DEUDAS.— Soñar que se tienen: herencia cuantiosa. —Negarse a pagarlas, malos sentimientos y peor honradez.

DÍA.— Soñar ver la luz del día, pronóstico feliz.

DIABLO.— Verlo en sueños es un triste presagio, pues indica siempre penas y tribulaciones. Si el diablo tiene cuernos, garras, cola y horquilla, indica, además, tormento y desesperación. Si el diablo está hablando familiarmente con nosotros es señal de la traición y la pérdida de bienes y hasta de la vida. Ser arrebatado por el diablo, es presagio de los mayores males. Lidiar con el diablo, rechazarle, resistir a sus tentaciones trae siempre provecho. Estar poseído del diablo anuncia beneficios de parte de un príncipe o una vida larga y feliz. Verle y huir de él con espanto indica persecuciones de un gran personaje y pesquisas judiciales.

DIADEMA.— Soñar ceñir una diadema: aguarda ilustres divinidades.

DIAMANTES.— Falsa apariencia de fortuna. Recogerlos anuncia pérdida y penas.

DIBUJAR.— Una amistad sostenida por mucho tiempo, se terminará por culpa de una mujer. Si sueñas que pintas en el campo, magníficos resultados.

DIENTES.— Soñar que se tienen más hermosos, firmes y blancos que lo que realmente son, es señal de alegría, salud, prosperidad, amistad, buenas noticias de padres o parientes. Tener un diente más largo que los demás es signo de aflicción para un pariente. Tener unos dientes más largos que otros, de modo que incomoden para hablar o comer, es señal de desazones de familia o de pleitos de herencia. Un diente malo o cariado indica pérdida de padres o amigos. Ser mellado es también signo funesto con respecto a padres o amigos. Limpiarse los dientes indica que se enviará dinero a algún pariente.

DIFAMACIÓN.— Difamar a otro: canallada. Malas inclinaciones. — Ser difamado, desgracias.

DIJE.— Amistad por interés. Casamiento de conveniencia. No te cases con una persona más joven que tú.

DILUVIO.— Desgracias en la familia y en los negocios.

DINERO.— Cuando se cuenta indica que se tendrá una ganancia considerable. Cuando no se hace más que verlo, indica cólera. Si se come es señal de una fortuna futura. Amontonar dinero. Véase oro. Provisión de dinero o vestidos bordados.

DIOS.— Verle enfrente de ti indica consuelo y alegría. Hablar con Él, alegría y felicidad pura. Si tiende los brazos al que sueña, es signo de bendiciones, gracias divinas y prosperidad. Pero no hay que dejar de ser caritativo. Dios nos vigila y paga.

DISCORDIA.— Carácter agrio.

DISCRETO.— Cuida de tu lengua, que se mueve demasiado. Cuando no sepas oír y callar, tápate los oídos.

DISCURSO.— Tiempo perdido en caso que se escuche. Si se pronuncia uno, ya sea favorable, ya contra el prójimo, obramos contra nosotros mismos.

DISFRAZ.— Alegría engañosa.

DISTRIBUIR.— Distribución. —Buena fortuna. Si tienes propiedades, excelentes cosechas.

DIVERSIÓN.— Partido ventajoso perdido por extremada afición a las diversiones.

DOLORES.— Indican que se saldrá airoso de una prueba. Dolor de cabeza. Dolor de estómago.

DOMINGO.— En este día son infructuosos cuantos proyectos se sueñan.

DONACIÓN.— Hacerla: caritativos sentimientos. —Recibirla: prósperos negocios. Herencia.

DORMIR.— Soñar que se duerme con un negro o un hombre feo repugnante, indica sinsabores y enfermedad; con un buen mozo: pena, fastidio, engaños, pérdida; con una mujer que no guste es presagio de muerte de la esposa o de la madre; con una mujer agradable y bella, es señal de traición y de acechanzas; con una mujer de mala vida, seguridad. Dormir con tu marido (si éste se halla ausente) es señal de malas noticias; hombre feo, repugnante, indica sinsabores y enfermedad.

DROGA.— Cualquier droga no es buena de ver y no es saludable de tomar.

DUENDE.— Enredo por habladuría de criados.

DULCES.— Dicha falaz. Pérfido amor. Tristeza.

DUREZA.— Obstáculos vencibles, ante los cuales no debes retroceder.

EBRIO.— Soñar hallarse ebrio: salud y riqueza. —Estar borracho sin haber bebido vino: signo fatal que advierte contra el peligro de cometer la más mínima acción irregular. —Haberte achispado con vino generoso; amistad provechosa de un gran personaje. —Hallarte ebrio y vomitar: pérdida de tus bienes por la fuerza o por el juego. Si te sueñas hallarte fuera de ti por el agua, lisonja vana de ser rico y gozar de altas protecciones. Ver a un hombre borracho: locura.

EDIFICIO.— Concluido: contrariedades pasajeras. —Habitado: buen augurio para el que sueña. —Deshabitado: pérdidas materiales.

EJECUCIÓN.— Si se presencia una ejecución capital es indicio de próximo socorro hacia un desvalido por parte de la persona que sueña.

EJÉRCITO.— Ruina y estrago. —Formado en batalla: dilapidación de tus bienes por aquellos a quienes se los habías confiado. —Ejército victorioso: tristeza y pena— Vencido: descontento de poca duración.

ELEGANCIA O ELEGANTE.— No te dejes arrastrar por sentimientos vanidosos, y recuerda que para algo más serio naciste que para lucir ricas preseas.

ELOGIAR.— A alguien: inútil lisonja. Ser elogiado: perjudicial engaño.

EMBAJADOR.— Tus negocios están en manos de pérfidos amigos. Serás engañado por el más astuto o más hipócrita.

EMBARCACIÓN.— Bogando por aguas cristalinas: útil y beneficiosa empresa. —Por aguas turbias: discordia. Tempestad en alta mar: miedo. La mujer que sueñe caer al agua y que la salva un hombre puede asegurar que ése será tu marido.

EMBARCADERO.— De hierro: buena señal; indica fortuna que quizá se vea comprometida por tu imprevisión.

EMBARGO.— Si sueñas que tus bienes son embargados, paga pronto tus deudas para no verte desacreditado.

EMBRUJAMIENTO.— Si sueñas que estás embrujado deberás consultar el libro *Embrujamiento,* del doctor Papus.

EMPERADOR.— Ver uno, hablar con él, anuncia un proyecto de evasión; también indica inquietudes. —Los defectos son los defectos.

EMPERATRIZ.— Pérdida de empleo, de dignidades, de reputación.

EMPLEO.— Pedirlo: dolor. —Conseguirlo: obstáculos en alguna empresa. —Perderlo: Adelanto en los negocios. Si una señorita sueña que contrae matrimonio con un empleado, será feliz.

ENANO.— Ataque de enemigos débiles y ridículos.

EENCARGO.— Ruina evitada por iniciativa acertada. —Misantropía. Inclinación al crimen.

ENCENDEDOR.— Indica que se apróxima un nuevo romance amoroso, pero peligroso.

ENEMIGOS.— Hablar con tus enemigos indica una prudente desconfianza. Jugar con ellos, desventura. Aborrecer a algunos es señal de odio, penas y reveses de fortuna.

ENFERMEDAD.— Secreta o vergonzosa. Indica una fortuna degradante.

ENFERMO O ENFERMERA.— Estarlo uno mismo indica tristeza, prisión. Asistir a un enfermo y consolarle presagia alegría, provecho, dicha.

ENFLAQUECER Y EXTEUARSE.— Penas. Pleitos. Pérdidas de bienes. Peligro de enfermedad.

ENGAÑO.— No creas lo que te digan: es todo lo contrario.

ENIGMA.— No pretendas escudriñarte, puesto que con él te arman un lazo.

ENOJO.— Celos fundados. No seas infiel.

ENSALADA—, es decir, hierbas y hortalizas con que se hace la ensalada. —Son señal de dolores y dificultades en los negocios. Comerlas es presagio de pobreza y enfermedad.

ENTIERRO.— Soñar que se está enterrado en vida es señal de infortunios.

ENTUMECIMIENTO.—No dejes para mañana lo que puedas hacer hoy.

ENVENENADO.— Verlo: préstamo que harás a un amigo, que te pagará con creces.

EQUIPAJE.— Roto: vejez prematura. Nuevo: juventud loca. —Viejo: pubertad llena de enfermedades. Por eso la rosa tiene espinas.

ESCALERA.— Verla es señal de provecho y alegría: subirla, de ruina y angustia; bajarla, indica que se recogerán tesoros. Si sueñas que pasas debajo de ella, deberás, tirar una poca de sal en el suelo y pisarla, para contrarrestar la mala suerte. No las pintes nunca de color negro.

ESCANDALOS.— Éxito proporcionado a la publicidad del escándalo.

ESCAPARATE.— Marido celoso de esposa fiel.

ESCARCHA.— Pérdida pecuniaria. Tristeza que se disipará con una herencia.

ESCLAVO.— El galán atento se muestra severo marido.

ESCOMBROS.— Barrer los escombros o basuras es pronóstico de fuga de la casa paterna.

ESCRIBIR.— Libros: Ten cuidado con un escrito que hagas.

ESCUADRA (Instrumento).— Próxima injusticia. —La lluvia es la vida de los campos.

ESFUERZO.— De cualquier clase que sea, indica un trabajo inútil.

ESMALTE.— Carta empezada y no concluida.

ESMERALDA.— Próspero porvenir. No te desanimes. Se caritativo y no veas a quién ayudas.

ESPADA.— Recibir una estocada de una persona que se conoce indica que esta persona te hará pronto un favor cualquiera: éste será tanto mayor, cuanta más sangre salga de la herida. Si la vida peligra mucho, es señal de que se recibirán favores y beneficios sin número. Recibir la estocada de mano de un soberano, príncipe, o de una autoridad superior, anuncio de honores y bienes que concederá ese personaje. La mujer que sueña que da o recibe una estocada recibirá honores y recompensas; si está encinta, dará a luz a un varón. Tener una espada en la mano, y herir con ella a un desconocido, es señal de victoria y buen éxito en las empresas. Matarse con tu propia espada indica desesperación mal fundada.

ESPALDAS.— Ver sus propias espaldas es indicio de infortunio y de una vejez miserable. Rotas, heridas o llagadas. (Véase Úlceras)

ESPANTO.— Miseria que remediará la herencia de un pariente egoista. Si tú te portas bien.

ESPARRAGO.— Cuando se ven en la mata o crudos, es señal de que nuestras empresas tendrán buen resultado. Cuando se comen, indica satisfacciones domésticas. Si se venden, presagian recompensa. —Cosas malas por culpa del alcohol.

ESPECTÁCULO.— Agüero favorable por lo que hace al logro de los negocios que se hacen de mala fe.

ESPEJO.— Si sueñas que rompes uno, deberás hacerlo en verdad y pisarlo para contrarrestar la mala suerte. (Vea Traición.)

ESPIAR.— Servicios vergonzosos. No lo hagas.

ESPINAS.— Verlas es señal de que se tendrán malos vecinos. Transformarse en espinas indica gran tormento. Si nos picamos con una espina, es anuncio de que peligran nuestros bienes y honores, sobre todo si es al caernos de un árbol. Andar entre espinas presagia enfermedad.

ESPUMA.— Disgustos domésticos por causa de un entrometido.

ESQUELETO.— Horror. Si se te aproxima es signo de muerte, a menos que al despetate no deseches todo temor. Si habla, escucha bien sus consejos. Rechazarlo indica confianza en sus fuerzas.

ESTABLECIMIENTO.— Abrirle: con trabajo y constancia todo se alcanza. —Cerrarlo: desbarajuste.

EESTABLO.— Si el que sueña es hombre, opulencia. Si es mujer, próximas nupcias.

ESTAFA.— Prepararla: funesta pasión. —Sufrirla: escrupulosidad.

ESTAMPAS.— Si están bien pintadas, indican aflicciones e injurias. Toscamente hechas son señal de placeres, transportes de alegría y amistad. Las estatuas, imágenes y cuadros tienen la misma interpretación.

ESTANQUE.— Ver un pequeño estanque es señal de que no se obtendrá mas que una bagatela de lo que se desea.

ESTATUA.— Estatua de mujer: corazón insensible. De hombre: tristeza. Si anda es señal de que tu ánimo se hallará inquieto. Si la oyes hablar, ruega por los difuntos de tu familia. Si es un Buda, ráscale el ombligo con un dedo de la mano izquierda.

ESTÓMAGO (dolor de).— Malgastar tu hacienda. Consejo de que se hagan economías.

ESTORNUDO.— Larga vida. Pero toma vitaminas. —No es ella quien debe revolverlo.

ESTRANGULAR.— A alguien, victoria sobre tus enemigos, pero no salgas por la noche.

ESTRELLAS.— Claras y brillantes, indican prosperidad, viaje provechoso, buenas noticias y buen éxito en un negocio. Sombrías y pálidas, el colmo de las desgracias. Estrellas que caen del cielo presagian la decadencia o ruina de una gran casa.

ESTUCHE.— Descubrimiento de objetos robados.

ESTUDIANTE.— Muerte del ser amado.

ESTUFA.— Gastos extraordinarios e inútiles. Indolencia. Necesario. Cambio de conducta.

EXCREMENTOS.— Si son materias fecales, es señal de dinero. Pisar excremento es anuncio de ingresos considerables.

EXPOSICIÓN DE CADÁVERES.— Peligro de muerte violenta para ti mismo o para un amigo.

EXTRANJERO.— Hablarle: buen augurio. —Acogerle: caridad; verle: deseo satisfecho.

F

FÁBULA.— Recitarla: sencillez en sociedad. —Componerla: invención que sólo aprovechará tu autor.

FACHADA.— De un templo: alivio. —De un edificio: prosperidad. Deseo satisfecho.

FALSEDAD, FALSO.— Si es mujer la que sueña, desconfíe del hombre que la cortejará. Si es hombre, tenga precaución, y no se deje engañar por mujeres astutas.

FALTA.— Cometer alguna: cuida tus asuntos. Si una persona que aprecias la comete, deposita enteramente en ella tu confianza.

FAMILIA.— Soñar estar con tu familia: viaje próximo. —Tener numerosa familia: felicidad.

FANTASMA.— Vestido de blanco, con una hermosa cara, anuncia consuelos y alegría. Si es negra y fea es señal de tentación y engaño. Ver muchos fantasmas es anuncio de un estado angustioso.

FARO.— Enemigos peligrosos. Da las debidas satisfacciones a quienes hayas ofendido porque los amigos nunca estorban, y siempre son perjudiciales los enemigos. No olvides que es mejor vivir en paz con todos, y que no hay enemigo pequeño.

FATIGA.— El que sueña experimentar una gran fatiga debe esperar una justa recompensa por sus trabajos. Trata de dormir lo más que puedas.

FAVORES.— Solicitarlos de un gran personaje: tiempo perdido, que debiera aprovecharse. Pretenderlos de linda mujer: los cederá a otros y te despreciará a ti. Recibirlos de una querida íntima: alegría, pero de corta duración.

FÉRETRO.— Te aconseja que te enmiendes si tienes mala conducta.

FERIA.— Tormento. Inquietud. Necesidad.

FERROCARRIL.— Viajas en él: consecución de los deseos del que sueña. —Accidentes en el ferrocarril: obstáculos en alguna empresa. Importante regalo de oro.

FIDELIDAD.— Antes de comprometerte a hacer algo, piensa si podrás cumplir tu promesa. Faltar en sueños a la fidelidad: desgracias en la familia. —Afronta los problemas con valor.

FIEBRE.— Deseos ambiciosos y extravagantes, ya sea que la tenga el que sueña o que éste vea a un calenturiento.

FIESTA.— Darla: peligros probables si no son precavidos. —Asistir a ella: felicidad pasajera.

FIGURA.— Extravagante: pérdida de un barco o un amigo. —Grande: hallazgo de un bolsillo. —Pequeña: novio achacoso. —Alta y delgada: tiempo perdido. —Alta y gruesa: momentos de favor bien aprovechados.—Contrahecha: galán que pasa por rico y será entrampado. —De nacimiento: si son pocas, adquisición de grandes bienes; si son muchas, enfermedad incurable.

FIRMA.— Poner una firma: pérdida de destino por calumnia. Si te presentan varias firmas, sufrirás persecución política.

FLECHAS.— Verlas indica próximos disgustos.

FLORES.— Cogerlas: benefició considerable. Verlas, tenerlas o percibir tu fragancia en tu estación, indica consuelo, placer y alegría; fuera de tiempo, anuncian obstáculos y malos negocios, cuando son blancas; si son amarillas, significan débiles dificultades; las de color encarnado son presagio terrible de grandes desgracias. (Vease Rosas). Flores silvestres: Verlas o percibir tu olor indica penas y flaqueza de ánimo, a menos de que el que sueña se ocupe de botánica. —Flor de lis. Grandeza. Poderío. —Una mujer humilde resolverá tu problema.

FORTALEZA.— Resistencia imprevista.

FORTUNA.— Sobre una rueda: peligro.

FORRAJE.— Opulencia. Buenos rendimientos de una finca. Amistad.

FÓSFORO.— Ventajas fallidas. —En forma de cerillas: reconciliación, por haberse descubierto la falsedad de una sospecha.

FRACTURA.— De pie: cura de una enfermedad. —De pierna: pérdida de papeles de valor. —De brazo, insulto o desafío.

FRANBUESA.— Buenas noticias.

FREÍR.— Verlo: tramas. —Freír algo: enredos mujeriles. —Comer un frito: pérdida de bienes.

FRENO.— De caballo: esposa indomable. —De mula: esterilidad, por culpa del marido. —De mulo: esterilidad, por culpa de la mujer. —De yegua: prole abundante.

FRENTE.— Si es ancha y alta, indica talento y recto juicio. Espesa y abultada, es signo de que debe hablarse con firmeza y libertad cuando llegue el caso. Abierta o herida, anuncia que se descubrirán tesoros del que sueña, y que se arriesgará a perderlos. De bronce, de mármol o de hierro, indica odio irreconciliable; buen signo si el que sueña hace un comercio cualquiera.

FRESAS.— Provecho inesperado.

FRIALDAD.— Si es por parte del galán: muerte de una tía. —Si es por parte de la dama: muerte de un tío. —Si es por parte de ambos: boda rápida de cada uno con otros.

FRÍO.— Fuera de época: caída sin consecuencias. —Muy intenso y: en tu tiempo: visita a un personaje elevado.

FRUTA O FRUTOS.— Verlos podridos o que se pudren en la mano es signo de adversidad; pérdida de algún hijo del que los tiene en las manos.

Comerlos anuncia engaños por parte de una mujer, y a veces placeres y flaqueza de ánimo. No se desanime.

FUEGO.— Ver fuego significa cólera, peligro. Ver un fuego moderado en tu hogar, sin humo ni chispas, es señal de perfecta salud de cuerpo y ánimo, de abundancia, de festines y regocijos con los amigos. El sueño contrario anuncia cólera, disputas, despilfarro de la hacienda o caudal y malas noticias. Fuego apagado indica indigencia, necesidad, falta de dinero. Fuego o lumbre que se enciende sin trabajo es señal de generación de hijos felices, que harán honor a tu madre. Antorcha o vela encendida tiene el mismo presagio que el sueño precedente; si la que enciende la vela es una mujer casada, es signo de embarazo, de un buen parto, y de que tu hijo será feliz. Fuego o lumbre que se enciende con trabajo y se apaga pronto es señal de tribulaciones para el que tiene este sueño. Tocar el fuego sin dolor indica buen parto, a pesar de las envidias. Quemarse con la lumbre es anuncio de una fiebre violenta, ver quemar platino es mal presagio para él.

FUENTE O RIACHUELO.— Si es agua clara indica abundancia, salud para un enfermo; si es de agua turbia o sucia indica lo contrario. Ver brotar una fuente en casa es señal de honor y provecho.

FUERZA, FUERTE.— Intrepidez. Más vale maña que fuerza. Lea esta frase al revés.

FUMAR.— Peligro. —Fumar cigarro de papel: carta esperada con noticias deseadas. —Fumar puro: conciliación a costa de sacrificios. —Fumar en pipa: enfermedad que requiere mucha paciencia. —Si la pipa es larga: la persona más joven o más vieja de la casa vivirá poco.

FUNERAL.— Logro de satisfacción pedida. Vanidad. Amor filial y conyugal. Paz en la familia.

FUSILAR.— Ver fusilar a alguien: suceso escandaloso. Si te fusilan: inesperada desgracia.

G

GALA.— Vestirse de gala: invitación para entierro. —Gala y cañonazos: disgusto causado por un cuñado o cuñada.

GALANTERÍA.— Ser galante: perfecta salud. Si la que sueña es mujer: prosperidad. —Si una joven: inconstancia.

GALLETA.— Comerlas indica provecho y salud.

GALLINA.— Cuando cacarea, indica fastidio y penas acerbas. Cuando pone huevos, anuncia ganancias. —No barras de noche.

GALLO.— Si se le oye cantar, presagia alegría y felicidad. Pero debes tener mucho cuidado con los que se dicen que son tus amigos. Si a tus hijos les permites descarriarse de la senda de la virtud, espera, sin duda, que el vicio y la miseria te sigan toda la vida.

GAMUZA.— Cazarla: ventajosa celeridad en los negocios. —Matarla: inspira temores.

GANADO O REBAÑO (de ovejas, carnero, vacas, caballos, cabras, etcétera).—Ver muchos en sueños es presagio de que tendrás grandes riquezas. Guardar rebaño en un bosque es mal presagio para los ricos, y bueno para los pobres.

GANANCIA.— Lícita: esperanza de dinero. —Ilícita: pérdida pecuniaria.

GAS.— Encendido: —fortuna. —Apagado: enfermedad grave. —Escape de gas: peligro de muerte.

GASTO.— Excesivo: ruina próxima. —Necesario: negocio costoso, pero productivo.

GATO.— Este sueño anuncia a un ratero sutil y traición por parte de un pariente cercano. Maltratar a un gato o matarle indica la prisión o muerte de un ladrón. Comer tu carne denota que se hará restituir el hurto al ladrón. Quitar la piel a un gato es señal de que se recobrarán todos los bienes perdidos y que se obtendrá el despojo del ladrón. Ver a un gato echado o dormido solo, indica una suerte a medias o muy moderada; si el gato está furioso y acomete a alguno es señal de ataque de ladrones.

GAVILÁN.— Éxito pero no obres de mala fe. Tu nombre con la memoria de tus hazañas hasta la más remota posteridad. No olvides que los huesos se ablandan con orines, y el ópalo es de mala suerte.

GELATINA.— Tisis, pulmonía u otra enfermedad grave, de la que sólo te curarás por milagro.

GEMELOS.— De teatro: riqueza, honores, consideración. —De camisa: ostentación vanidosa.

GENEROSO, GENEROSIDAD.— Soñar serlo, honradez y buenos sentimientos. Si el que sueña pone tu sueño en acción será premiado ampliamente.

GIGANTE.— Casamiento con persona pequeña. Viaje largo. —Todo animal monstruoso, en general: gran éxito. Triunfo seguro.

GITANO.— Vicios y desgracias.

GLADIADOR.— Baile de máscaras. Gladiador victorioso: un enemigo se aproxima. —Gladiador herido: muerte de pariente.

GOCES.— ¿Sueñas ser dichoso?... No tardarás veinticuatro horas en experimentar disgustos. Se contrarresta si te pones momentáneamente un zapato café y otro negro.

GOLONDRINAS.— Indican que la esposa o la novia son mujeres de juicio. Nido de golondrinas es señal de bendición para la casa en que se ve. Ver entrar una golondrina en una casa es presagio de buenas noticias de un amigo.

GORDURA, OBESIDAD.— Engordar anuncia riqueza que no se esperaba. La obesidad indica nuevo gusto por los placeres y por la ostentación.

GORRA.— Ponérsela: se prudente en tus amorcillos. Quitársela: secreto descubierto. —Aceptar una: próximo lazo de amor.

GORRIÓN.— Trato que se realizará ventajosamente. —Muchos gorriones reunidos: escasez de dinero. —Gorrión volando: documento importante recuperado.

GOTA (enfermedad).— Tenerla en las manos indica terrores, pánicos y peligro personal, si el gotoso es joven; si es viejo, languidez y miseria. Una gota crónica es signo de larga vida.

GOTA.— De aceite: traición de un amigo. —De agua caída en el vestido: carta desagradable. —De aguardiente: reyerta tremenda entre casados o amantes. —De cera: invitación a un funeral. —De leche: candidez de la persona amada. —De sebo: noticia mala. —De tinta: boda iniciada con poca alegría seguida de poca felicidad. —De vino: riña entre marido y mujer. —De zumo de naranja: accidente imprevisto y desagradable. —Cuya mancha no se puede quitar: ligereza incorregible.

GRANADA.— Cogerla madura indica fortuna procedente de un poderoso; antes de tu madurez es señal de enfermedad y de penas causadas por la maledicencia.

GRANDEZAS.— Caída cercana. Cuidado con los vehículos.

GRANIZO.— Quebranto y tristeza, y a veces descubrimiento de las cosas más secretas, con provecho o daño del que sueña, según el grado que tengan de moralidad.

GRANO.— De trigo: abundancia. —De arroz: salud prolongada. —De cebada: dinero ganado por acierto. —De uvas: la embriaguez domina en alguno de tu casa.

GRIETA.— En la tierra: tesoro cerca de un cadáver.

GRIPE.— Si es mujer, alejarse del hombre que la engaña. Si es hombre, desgracias. Miseria.

GRITOS.— Locura. —Lejanos: ataque a traición. —Próximos: amantes que riñen a consecuencia de una carta. —Desaforados: puñalada frustrada.

GUANTES.— El que sueña, si trae buenos guantes, será feliz, de lo contrario experimentará mil incomodidades y contrariedades de todo punto inesperadas.

GUARDABOSQUE.— Secreto violado. Sea reservado.

GUARDAROPA.— Provecho. Ventajas.

GUARDIA.— Verla en patrulla presagia una pérdida de poca importancia. Llamar la guardia indica confianza. Ver que prende a alguno es signo de torpeza. Verse preso por ella es señal de trabajo y seguridad. Entrar de guardia significa fatiga, fastidio.

GUARNICIÓN.— Patriotismo. Si es militar, ascenso. Si es una joven, casamiento con un oficial. Si es paisano, condecoración.

GUITARRA.— Placeres poco costosos.

HABITACIÓN.— Enojo, fastidio, tristeza. Sal a la calle y da una vuelta, ir a pie.

HABLADOR.— Hallarse fastidiado por un hablador es señal de jaqueca, calentura y fastidios cercanos.

HABLAR A LOS ANIMALES.— Males y sufrimientos.

HACHA.— Peligro de muerte. Debes tener cuidado con tus pies. Hay animales a los cuales les pega la rabia y muerden al hombre.

HADA.— Es signo de que encontrarás una mujer que te seducirá y te dará bastantes disgustos.

HAMBRE.— Padecer hambre indica celo, industria, medios de adquirir riquezas proporcionadas a las necesidades.

HARAPOS.— Vestido de ellos: término de un cruel tormento. —Ver cubierto a otro: aviso de que te favorecerá un desgraciado.

HEBILLA.— Sospechas disipadas por un nacimiento.

HELADOS.— La persona que amas es fría, te engaña o te engañará.

HERENCIA.— Ruina, miseria, penas. No seas miserable.

HERIDAS.— Recibir una de un animal es señal de que se tienen enemigos pérfidos. Herida curada indica exaltación de tu propia gloria. Hacer la curación de una herida es presagio de que tus favores se pagarán con ingratitud.

HERMANOS Y HERMANAS.— Provecho y alegría. —Hablar con ellos: enojos. —Verlos muertos: larga vida.

HERPES (granos, sarna, úlceras).— Riquezas en proporción a la intensidad de estos males.

HERRERO.— Recibir un golpe con un instrumento de hierro indica un gran desastre. Ver un herrero trabajando es señal de derramamiento de sangre.

HÍGADO, MÉDULA O PULMÓN.— De un toro, macho cabrío, borrego o cualquier otro animal con cuernos, indica una próxima herencia de bienes o empleos y dignidades de fin superior.

HIGO.— Verlos en la estación en que se producen indica placer y felicidad de ella, penas e infortunio. Comerciarlos es signo de malgasto de bienes. Higos secos: deterioro, decadencia de fortuna. Consulta el oráculo de Napoleón.

HIJO.— Pérfida proposición. Verle amamantar, grave enfermedad; pero si acaso la esposa del que sueña estuviere encinta, indica una quebrantada salud para el infante que dará a luz; si fuere una mujer la que sueña, le pronostica que parirá una niña, o tendrá una contrariedad. Ver y hablar a muchos infantes a la vez, gravamen.

HILO.— Indica misterio, intriga secreta. Devanarlo anuncia descubrimiento de un secreto. Enredarlo indica que debemos ocultar el secreto a todo el mundo. Hilo de oro es señal de que se saldrá bien de un negocio a fuerza de intriga. Hilo de plata indica una intriga frustrada.

HIPOCRESÍA.— Déjate morir antes que ser hipócrita.

HOGUERA.— Faltas inevitables.

HOJAS.— Verlas caer es señal de enfermedad peligrosa.

HOMBRE.— Si tiene un rostro hermoso, y es una mujer quien sueña es indicio de satisfacción, alegría y salud. Si es hombre el que sueña es señal de violentos debates y de peligro de acechanzas. Hombre vestido de blanco es presagio de bienes futuros; vestido de negro, anuncia pérdidas considerables. Hombre desconocido. (Véase Desconocido.)

HOMBROS.— Verlos en sueño más gruesos de lo que son es señal de malos tratos para un prisionero, y de fuerza y prosperidad para el hombre libre. Hombros hinchados son señal de riquezas para la querida del que sueña. Llagados o estropeados, indican fastidios y sinsabores en la familia.

HOMICIDIO.— Daño mortal. Ten cuidado.

HORCA.— Condenar a alguien a ser ahorcado es signo de estar próximo a encolerizarse; pero a la cólera seguirá una bondadosa actitud, después que reflexiones, sobre tu conducta que está equivocada.

HORNO.— Comodidades, riquezas. —Encendido, abundancia. —Muy ardiente: mudanza de lugar. No olvides que todas las cosas se saben, por lo que debes tener cuidado con lo que haces mal.

HORÓSCOPO.— Engaños. Penas infundadas. Enredos. Debes consultar el Oráculo de Napoleón. En caso de que no te satisfaga, que te echen las cartas en un día martes. Llevando en la bolsa una poca de sal.

HOSPITAL.— Miseria. Privaciones. —Lleno: buena salud. —Vacío: enfermedad. —Servido por religiosas: muerte serena, sin padecimientos. —Hospital de sangre: pérdida de una herencia. —Atestado de heridos: muerte violenta.

HUÉRFANO.— Desgracias familiares.

HUESOS.— De muerto: penas y tribulaciones. Roer huesos es señal de ruina cierta.

HUEVOS.— En corto número: ganancia y provecho. En gran cantidad: pérdida y pleitos. Blancos: ventajas. —-De color, o duros: grande aflicción. —Rotos: desazones y habladurías. —Estar untado de huevo: persecución.

HUIR, HUIDA.— No hagas mal, para no temer la persecución de enemigo alguno.

HUMILLACIÓN.— Soportada con entereza, carácter enérgico. Corazón fuerte y animoso. —Ver la humillación de un prójimo, y alegrarse de ella: ruindad, cobardía y malos sentimientos

I

IDOLATRÍA.— Malos negocios, si obra de mala fe. Al tramposo le espera la cárcel.

IGLESIA.— Edificar una iglesia anuncia un amor divino. —Entrar en ella es señal de beneficencia y buena conducta. —Rezar en la iglesia presagia consuelo y alegría. —Hablar o distraerse en ella indica envidia y pecado. Una iglesia con colgaduras de cualquier color anuncia una herencia pero con grandes amarguras en el futuro.

IGNORANCIA.— Mal presagio. Lo puedes contrarrestar si traes en la bolsa un espolón de gallo.

ILUMINAR.— Bienes despilfarrados. Toma azúcar. —Es necesario saber cómo se gasta el dinero.

IMPEDIDO.— Burlarse de un impedido: buenos sentimientos. Fructíferos negocios.

IMPROVISACIÓN.— Orgullo literario que te expone a burlas, piense bien lo que dirás.

INCENDIO.— Ver arder una o muchas casas indica que no hay mal que por bien no venga. Si el incendio es ócre, violento, con chispas y destrucción de la casa que arde, anuncia grandes adversidades al soñador, tales como pleitos, desgracias, ruina, muerte imprevista.

INCESTO.— Progreso en las artes. Si lo efectúas, malas noticias.

INFANTICIDIO.— Crueldad. Deshonra. Ten cuidado con lo que haces.

INFIERNO.— Tal como le pintan, con los tormentos, llamas, etc., anuncia la necesidad de un cambio de conducta, de arrepentimiento. Escaparse del infierno es señal de desgracia para el rico que sueña. Para el pobre y el enfermo es anuncio de alivio y consuelo.

INGRATITUD.— Sufrirás gran desengaño con la persona a quien has favorecido.

INHUMACIÓN.—Luto y miseria. Ten resignación.

INJUSTICIA.— Por no saber exponer bien tu derecho, perderás el pleito. Lleva tu pleito bien.

INQUIETUD.— Sufrirla: invita a la confianza. Motivarla: anuncia algún peligro.

INSOLENCIA.— Ser insolente con alguien anuncia que pagarás éste con la misma moneda. Si el que sueña es blanco de un insolente, guárdese, si no quiere ser culpable.

INSOMNIO.— Soñar hallarse en insomnio significa próximas tribulaciones.

INSTRUMENTOS DE MÚSICA.— Tocar uno u oírlo tocar es señal que ha ocurrido una desgracia a uno de los parientes del soñador. Si se oyen en un concierto de instrumentos, anuncian la cura de una enfermedad. —Instrumentos de viento indican inquietud, querellas, pérdida de un pleito.

INSULTO.— Cuida mucho de tus compañías y apártate de los amigos perniciosos.

INTESTINOS.— Expulsarlos es señal de disensiones domésticas, de alejamiento de un pariente, cuyo resultado serán pérdidas, daños y aflicciones. Si el soñador se come sus propios intestinos, es señal de herencia futura o de la muerte de sus padres. Si se come intestinos ajenos o de animales, es indicio de fortuna o de la muerte de otros.

INUNDACIÓN.— Ruina imprevista. Graves accidentes.

INVÁLIDOS.— Vejez tranquila y dichosa.

IRIS.— Cambio de la fortuna y posición social. Si se ve a la derecha, buen augurio, y malo si a la izquierda. Partido en dos: desgracia.

ISLA.— Fastidio, soledad. Quítate los zapatos y vuelve a ponértelos.

JABÓN.— Negocios desenredados. Asistencia de amigos de parientes ricos.

JAMÓN.— Salarlo, recompensa. Comercio: aumento de familia o de fortuna.

JAQUECA.— Ofuscación. Penas. Duerme mucho. A todos les llega la hora mala.

JARDÍN.— Cultivarlo o admirarlo es señal de un próximo bienestar. Pasearse por él indica alegría, jovialidad.

JAULA (de pájaro).— Indica estar en vísperas de ir a la cárcel, si se le ve vacía. Si tiene pájaros, es señal de libertad recobrada. Soñar que se les da libertad a los pájaros es presagio de todas las virtudes conyugales y maternales.

JERINGA.— Negocios embrollados, si está rota. La ley es una espada de dos filos que te puede herir si te pones a tu alcance.

JINETE.— Al paso: viaje feliz .—Al trote: satisfacción íntima. —Al galope rápido: encumbramiento. Verlo caer mal pronóstico. Apegado del caballo es señal de que ha sufrido alguna pérdida. Si vuelve a montar es signo de buena suerte.

JOYAS.— Si las posees no se deshagas de ellas. Si te exitan apártete pronto.

JUECES.— Malicia y crueldad. Disculpa, si el que sueña tiene algo de qué reconvenirse.

JUEGO DE AZAR.— Jugar con tu enemigo es hallarse en vísperas de facilitarle una ocasión favorable a sus designios. Ganar, anuncia pérdida de amigos. Perder, es signo de alivio. Juegos inocentes son señal de alegría, salud, placer, prosperidad, unión en las familias.

JUGETES.— Travesurillas que no dejarán de perjudicarte.

JUICIO.— Encontrarse en juicio por causa propia o de otro, es presagio de asuntos complicados que reclaman todo nuestro talento y cuidado.

JURAR.— Si lo haces en sueños, guárdate de ello en sociedad.

JUSTICIA.— Soñar que se ha incurrido en una pena de justicia es señal de amoríos. Ver ajusticiar a alguien es signo de infidelidad.

JUVENTUD.— Verse joven es indicio de felicidad y de buena vida.

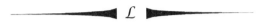

LABIOS.— Soñar que se tienen de color de rosa es señal de que están buenos los amigos y ausentes.

LABRAR LA TIERRA.— Si el que sueña es labrador indica provecho y rica cosecha. Si tuviera cualquiera otra profesión es señal de pena y melancolía. —El agua es buena, pero no mucha.

LADRONES.— Si éstos entran furtivamente en una casa, es señal de negocios. —En la calle: pérdidas por descuido.

LAGARTIJAS.— Acechanzas. Trampas. Infortunios suscitados por enemigos ocultos. —Los escorpiones, orugas, salamandras y otros animales ponzoñosos tienen el mismo significado.

LÁMPARA (apagada).— Alejamiento o apartamiento de los negocios. Si está encendida, anuncia pasiones y penas. Si está preso, significa libertad.

LANZA.— Buen agüero para los hijos varones del dueño de la casa. —Si es hembra la que sueña: esperanzas perdidas.

LATA.— Salida de un apuro, por nacimiento.

LAVANDERO O LAVANDERA.— Disculpas oficiosas.

LAZOS.— Hallarse cogido entre lazos indica embarazo y suma dificultad para salir de apuros.

LECHE.— Soñar que se bebe, es signo de amistad de mujer. Derramarla, anuncia pérdidas comerciales. —Amistad peligrosa.

LECHO.— Hallarse en cama: peligro. —En una cama bien arreglada: ventajosa posición.

LEER.— Si se leen con placer comedias, novelas, etc., indica consuelo y alegría. Si son libros serios o de ciencia, es señal de virtud y sabiduría. — Leer manuscritos es indicio de buena fortuna.

LENGUMBRES.— Verlas en la huerta anuncia aflicción y trabajo; las que tienen un olor fuerte tales como ajos, rábanos, cebollas, etc., indican revelación de secretos, comúnmente desagradables disputas con inferiores.

LENGUA.— Soñar que se la tiene menos abultada de lo que es, anuncia cordura, honor, prudencia, recato, sobre todo en una mujer. Demasiado larga es señal de pesares, cuidados y tribulaciones.

LEÓN.— Verle indica la próxima presencia de un príncipe o gran personaje. Peligro de volverse loco. Si está encadenado, anuncia que el que sueña cautivará o sorprenderá a tu enemigo. Comer tu carne es señal de riqueza o poder concedido por el príncipe. Montar un león es signo de favores de un príncipe o de un grande. Temerle, peligro o amenaza de parte de un poderoso, pero sin mal resultado. Luchar con un león anuncia lucha o debate peligroso. Triunfar de él es presagio de buen éxito en los negocios. Hallar sus despcjos o alguna parte de tu cuerpo es señal de riquezas para un soñador vulgar. Si el que sueña es un poderoso, es indicio de que conquistará sobre tu enemigo victorias que le harán dueño de grandes tesoros.

LEOPARDO.— Verle quiere decir que hay que tener cuidado con una mujer que esté muy cerca de ti.

LETRERO.— Ausencia de todo peligro.

LIBERTINAJE O DESENFRENO.— Suele indicar buen éxito en una empresa.

LIBRETA.— De la caja de ahorros: economiza y serás rico.

LIBROS.— Componer libros, es decir, escribir obras, indica pérdida de tiempo y dinero.

LICORES.— Falsos placeres. Días enfermo.

LIEBRE.— Amistad. Ir a cazar liebres o ciervos indica buenos productos de una industria o profesión. Pero no se debe ser tirano, dale a cada uno tu derecho legal.

LIENZO.— Blanco: casamiento. —Colorado: fallecimiento.

LIGAS.— Son presagio de achaques.

LILA.— Juventud borrascosa. Vejez desastrosa.

LIMONADA.— Hacerla: tranquilidad. —Pedirla: infortunio. —Tomarla: muerte.

LIMOSNA.— Cuando se sueña que se da una limosna, es señal de privaciones o de pocos posibles. Cuando se recibe es signo de tristeza o desaparición.

LIMOSNERO.— Complacencia y buena vida.

LÍO.— Falsedad.

LISTÓN.— La pena que te aqueja durará tantos días como palmos tenga el listón, si es encarnado, y semanas, si es blanco.

LOBO.— Verlo es presagio de que se comerciará con un hombre avaro y sin fe. Ser mordido por un lobo es anuncio de pérdidas ocasionadas por este hombre. Vencer a la fiera es signo de que triunfarás completamente de las picardías de la misma persona. Si se ven varios lobos reunidos el número de éstos indica al soñador el de los años de sufrimiento que le quedan por pasar.

LOCURA.— Estar loco o hacer extravagancias en público indica larga vida. —Favor de un poderoso. Amor del pueblo. Placer. Si quien tiene este sueño es una muchacha o una viuda, es presagio de un próximo casamiento. Si es una mujer casada, es signo del nacimiento de un hijo que será con el tiempo un gran personaje.

LOMBRICES.— Disgustos domésticos por falta de economía y escasez de ingresos.

LOMO.— Solución inesperada de un negocio.

LORO.— Enfermedad curada inesperadamente. Placer sin remordimientos. Hay una mujer cerquita de ti, que no es familiar, que pronto te meterá en un lío del cual te costará trabajo salir bien. El buen humor debe existir antes que tú, y en todo momento.

LOTERÍA.— Ver los números indica ganancia en el juego, y que se arriesgará poco para obtener mucho provecho. Ver los números derribados es señal de pérdida y ruina.

LUNA.— Brillante en medio de un cielo azul y sereno, anuncia salud para la esposa y ganancia de dinero. Luna nueva indica buen despacho de negocios. En tu declive, anuncia la muerte de un príncipe o de un superior. Luciente alrededor de la cabeza, indica perdón obtenido por la intercepción de una mujer. De color de sangre, es signo de viaje. Peregrinación. Oscuro, es peligro de muerte o enfermedad de una esposa , hermana o hija, o más bien, de pérdida de dinero, de un viaje arriesgado o de locura. Otros intérpretes de sueños dicen que este último presagio es apócrifo porque una luna sombría no significa nada o a lo menos es muy dudoso. Si la luna es clara y se vuelve oscura, indica la tristeza y enfermedad si al contrario de oscura se vuelve clara, anuncia beneficios y alegrías. Luna llena predice a las hermosas buenas reputación y aprecio público; a los ladrones y asesinos les predice próximo y justo castigo; a los enfermos o marinos, peligro de muerte o de naufragio si se desalientan.

Luna en forma de cara llena y de una blancura deslumbrante presagia un próximo matrimonio si quien la sueña es una soltera o viuda; si es una mujer casada, indica que tendrás una linda hija; si fuera un hombre casado es señal de que nacerá un hijo.

LUTO.— Penas de corta duración. Es ley de la vida, la muerte de unos produce bienestar a otros. No te preocupes, no eres tú el culpable.

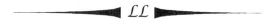

LL

LLAGA.— Fatales negocios, si no tienes cuidado.

LLAMA.— No retrocedas ante obstáculo que muy bien puedes vencer.

LLANURA.— Ventajas en los negocios.

LLAVE.— Próximo acceso de cólera, sobre todo si se pierde. Si las pierdes, peligro inminente. Cuídalas.

LLEGADA.— De la mujer amada, secreto. —De un pariente o amigo: cuidado con los aduladores.

LLORAR.— Consuelo. Alegría después.

LLUVIA.— Sin viento ni tempestad, ganancia para los labradores; para los comerciantes, indica pérdida de mercancías. Lluvia a cántaros, disgustos y pérdidas; para los pobres, buenas esperanzas.

M

MACETA.— Cariño. Dicha.

MADERA.— Ver uno tu propio busto en madera: larga vida; lo contrario si es de yeso.

MADRE.— Salir del vientre de tu madre indica un mal paso, del cual se saldrá airoso. Elevación en dignidades. Soñar que se vuelve a entrar en el vientre de tu madre anuncia regreso a la tierra natal si se está ausente de ella, o reunión de parientes o amigos buenos. Vivir con tu madre es signo de seguridad. Verla indica provecho; hablarle, buenas noticias. Verla muerta presagia que la persona o los bienes del dador corren peligro.

MADRINA.— Amigos pérfidos.

MAESTRO.— Ten cuidado, no descubras el secreto que quieres guardar, y que tratan de arrancarte con engaños.

MAL.— Soñar que uno se encuentra mal es indicio de buena salud corporal, pero de agitación perniciosa del espíritu.

MALEFICIO.— Si es contra el que sueña, es indicio de que se burlan de él. Si quien lo hace es el soñador, es señal de que se volverá loco.

MALETA.— El viaje que te propones dará magníficos resultados, pero no hay que olvidar que necesitas mucho dinero.

MANCHAS.— Verlas en los vestidos o en las cortinas es signo de melancolía; manchas del sol indican un susto.

MANDAR, MANDO.— Con crueldad: enfermedad. Desgracia.   —Con dulzura: obediencia.

MANIQUÍ.— Ineptitud. Hacer uso de ellos: negocio próspero.

MANOS.— Lavárselas indica trabajo e inquietud. Contemplarlas: enfermedad. Mano cortada, quemada o seca: pérdida del servidor más fiel; si no se tiene ningún sirviente fiel es presagio de gran infortunio y de incapacidad para dedicarse al trabajo. Si una mujer es la que pierde la mano de esta manera, es señal de que perderá a tu marido, o a tu hijo mayor, o sus medios de existencia. Manos hinchadas son signo de riquezas y de provecho para los sirvientes. Manos más hermosas y fuertes de lo que realmente se tienen, indica la conclusión de un negocio importante, honorífico y lucrativo; fidelidad y cariño de los dependientes. Manos o dedos más pequeños de lo que son, indican servidores infieles, abuso de confianza. (Véase trabajo.) Manos frescas son, signo de amistad y numerosa compañía, si es rico el que sueña; pero si fuese pobre, ociosidad y penuria. Manos velludas anuncian fastidio y cautiverio. Tener muchas manos es presagio de dicha, fuerza y abundancia de riquezas; pero un ladrón de profesión puede ver en este sueño el presagio del descubrimiento de sus crímenes y de un severo castigo. Manos gotosas (véase Gota). Manos que están en el fuego y no duelen (véase Fuego).

MANTA.— No trates de burlarte, porque quedarás burlado.

MANTELES.— Limpios: orden y buena conducta, que conducen a ser dichosos; sucios: desorden y perjudicial comportamiento.

MANZANAS.— Comerlas dulces: alegría y placeres, particularmente para las mujeres y las jóvenes. —Comerlas ácidas: disputa y sedición.

MANZANO.— Mucho trabajo con poca utilidad.

MAÑANA.— Al que madruga Dios le ayuda.

MAR.— Verde claro, medianamente agitado indica contento y fácil administración de sus propios negocios. Revuelto beneficio seguido de ruinas. Sereno y terso, indica retardo en las operaciones comerciales. Violentamente agitado, es presagio de pérdidas, sinsabores, adversidades. Caer en él, peligro. Estar bañándose en él significa salud por mucho tiempo y alegrías.

MARCO.— Conducta arreglada. Felicidad conyugal.

MARFIL.— Ensueños amorosos en la juventud; en la edad madura, recuerdo de dichas que ya no volverán a gozarse.

MARIDO.— Pegar a tu marido indica temor en la mujer, y amor en el marido.

MARIPOSA.— Inconstancia, ligereza, sobre todo en amores. Si son negras te sucederá la desgracia más grande de tu vida.

MARISCO.— Vacío; pérdida metálica o de tiempo. —Lleno: cercano logro.

MARMOL.— Riña. Tibieza en las relaciones amorosas.

MARTIRIO.— Sufrirlo por la fe es señal de honor y veneración pública.

MÁSCARA.— Astucia, engaño.

MATORRAL.— Realización de los deseos del que sueña.

MATRIMONIO.— Disgusto por accidente que aplaza un fausto suceso.

MEDALLA.— Préstamo que no se devuelve, por fallecimiento del prestatario.

MEDIAS.— De seda: pobreza. De hilo o algodón: suerte, fortuna mediana. Quitarse las medias, peligrosidad. Ver agujerarse las medias feas anuncia un buen cambio de fortuna. Ponerse las medias anuncia que perderá dinero. Unas medias remendadas te aconsejan valor y perseverancia. Si se van los hilos quiere decir que se debe trabajar mucho, pero mucho, antes que el hambre llegue a nuestro hogar. Si el hambre te induce a casarte, no pienses que remediará tu situación.

MEDICINAS.— Tomarla con repugnancia indica apuros, angustias. Tomarla alegremente indica indiferencia, indolencia. Darlas a alguno anuncia provecho muy próximo a la Navidad.

MÉDICO.— Si es la profesión del que sueña, indica jovialidad.

MELODÍA.— La pereza es la madre de todos los vicios. Ruina.

MEJILLAS.— Casamiento por amor. Inocencia. No siempre el dinero hace la felicidad.

MENDIGO O LISTADO.— Disgustos. Aflicción en la familia. Ponga dos agujas en cruz.

MENSAJERO.— Buena señal. Si se esperaba: casamiento por interés. Si no se esperaba: sorpresa agradable.

MENTIRA.— Amigos peligrosos. Mujer astuta.

MERCADO.— Angustias. Penas. Falta de provisiones.

MERIENDA.— Tu novia es amiga de comilonas.

MESA.— Verla indica alegría. Poner la mesa o los manteles es señal de abundancia. Mesa de escritorio: recibirán una carta que los sorprenderá. Todo es cuestión de fe, pero ponga usted mucho de tu parte para tener éxito.

METAL.— No has hecho caso de un consejo leal, y te pesará.

METRO.— Herencia importante, pero llena de peligros.

MIEDO.— Tener miedo: debes procurar el descanso; promoverlo invita a tener ánimo.

MIEL.— Comerla es presagio de buenos negocios y de un viaje seguro. (Véase Abejas).

MILLONARIO.— La ambición desmedida trae siempre malas conse- cuencias.

MINA.— Un caudal adquirido a costa de trabajo se ha malgastado rápi- damente. No es la lotería la que te saque del apuro en que estás, sino el trabajo abrumador.

MODA.— Despreciarla: fatuidad ridícula. Supeditarse por completo a ella: vanidad perniciosa.

MONEDA.— De oro: apuros. Mortificación. De plata: medianía. De cobre: rápida fortuna. Falsa moneda, vergüenza y castigo. Trabajar en la fabricación de moneda: buenos beneficios y felices momentos. Pero debe ser honrado.

MONSTRUOS.— Todo ser viviente que no tenga la figura ni forma naturales, tales como una persona con dos cabezas, cuatro brazos, una cola, etcétera, o bien un animal por este mismo estilo, es señal de con- tento, dicha, salud y amistad, si quien sueña es una mujer; si fuere un hambre, el sueño no significa nada.

MONTAÑA.— Subirla indica trabajos o un viaje más o menos lejano; bajarla anuncia un éxito poco importante. Ver caer una montaña en una llanura presagia la ruina de un hombre de bien, causada por un poderoso.

MORDEDURA O MORDISCO.— Este sueño aconseja que se ten- ga cuidado para que alguna serpiente u otro reptil venenoso no muerda el pie del soñador, indica también celos, envidia. Sentirse mordido es señal de tristeza y fastidio.

MOSCA.— Ser picado por moscas, y principalmente por avispas, es señal de persecuciones suscitadas por envidiosos; penas, fastidio.

MUCHACHO.— Parto doble. Si la mujer que sueña es de edad, tendrá que ver con la justicia.

MUDANZA DE CASA.— Mala noticia, sobre todo si el que se muda es un deudor.

MUDANZAS.— Mudar de sexo, cuando se trata de mujer, es indicio de que concebirá un hijo varón que hará honor a la familia. Cuando el que cambia de sexo es hombre, indica deshonor e infamia.

MILAGRO.— Acceso de locura.

MUERTE.— Besar a un muerto es señal de larga vida. Hacerle un regalo es anuncio de pérdida y de daños. Ver a un muerto en el ataúd predice una indigestión. Ver morir a un hombre que ya está muerto indica que los familiares vendrán a verte. Soñar con un muerto que habla es presagio de que el soñador tendrá pasiones y un destino análogos a los del muerto. Ver o hablar a uno de los principales parientes que ya no existen es anuncio de que conviene poner orden en los negocios y tener buena conducta. Si una persona sueña que es ella el muerto, es señal de favores de un grande, de riquezas y de una larga vida turbada por envidiosos. Ver enterrar a un muerto indica, según algunos autores, una muerte repentina, y según otros ganancias de bienes en proporción a la cantidad de tierra que se ha echado al muerto. Habérselas con una muerta es señal de amor y favores de una gran señora.

MUJER.— Ver a una sola indica enfermedad moral. Oír la voz de una mujer, sin verla, anuncia un cambio de lugar. Mujer morena, enfermedad peligrosa. Con larga y hermosa cabellera, honor y provecho, buena compañía, trato agradable. Mujer blanca anuncia que se saldrá de apuros. Mujer encinta, noticia agradable. Ver a una mujer hermosa indica alegría, satisfacción y salud, si quien sueña es un hombre; pero si fuese una mujer, es decir, si una mujer ve en sueños a otra hermosa, es signo de envidia y habladuría. Oír disputar a tu mujer es señal de sinsabores y quebrantos. Echarse a los pies de una mujer, y declararle tu amor, es signo de audacia feliz, si lo favorece; si lo rechaza, debe cambiar sus planes. Mujer desconocida (Véase Desconocido).

MULO O MULA.— Ver a uno indica aumento del número de negocios. Si lleva una carga, es señal de dificultades en los negocios.

MUÑECA.— Reyerta y separación. Si las quieres evitar recuerda que las hijas llegan a ser grandes y las tienes que perder y que no eres tú el hombre que debe escogerles el marido. Déjalas que ellas resuelvan sus problemas, de esta manera te evitas muchas dificultades posteriores.

MUROS.— Cuestiones familiares.

MÚSICA.— Oír cantar o tocar instrumentos. (Vease instrumentos.)

MUSLOS.— Soñar que se tiene un muslo roto es presagio de muerte en país extranjero, lejos de la asistencia de los padres. Si el que sueña que se rompe un muslo es una muchacha, es signo de que se casará con un extranjero, y de que vivirá en tierras lejanas separada de tu familia. Si la que sueña es mujer casada, es señal de que perderá a tu marido o alguno de sus hijos. Recibir una herida en un muslo o tener una llaga en él anuncia mal éxito en sus empresas y disgustos con padres o parientes.

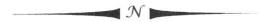

NACIMIENTO.— Soñar que se nace es señal de buena suerte. (Véase Niño. Madre).

NADAR.— Placer. Comodidad. Voluptuosidad. Nadar en un río caudaloso es señal de futuros peligros.

NAIPES O DADOS.— Jugar a unos u otros es señal de engaños, de los que serás víctima; indican también pérdida de bienes a consecuencia de malvados.

NARIZ.— Tenerla obstruida es señal de peligro de parte de un poderoso: de una infidelidad del esposo o de la esposa, con alguien de la familia o con algún amigo, sirviente, etcétera. Verla más gruesa de lo que realmente es, indica riqueza, poder, amistad de un grande. No tener nariz es señal de penuria, pérdidas, enemistades. Perder la nariz anuncia adulterio. Tener dos narices es señal de discordia, de pleitos. Tenerlas rojas es signo de una próxima riña.

NAVAJA.— Traición desbaratada por acertada cautela. Éche sal en el suelo.

NEGOCIOS.— Hacer buenos negocios es señal de herencia. Si los negocios son malos, presagian que pensará seriamente en la religión.

NEGRO.— Ver a un negro desnudo es signo de tristeza, penas y daños. Hermanos mal avenidos. Reconciliación. Cruce los dedos.

NIDO DE PÁJAROS.— Hallar uno es señal de provecho; si está vacío, pronto despacho de negocios. Nido de serpientes, cocodrilos u otros reptiles es señal de inquietud.

NIEVE Y HIELO.— Verlos en invierno no significa nada; pero en cualquier otra estación es señal, para el labrador, de una abundante cosecha; para el comerciante y todo hombre de negocios es signo de dificultades, pérdida y mal éxito; para los militares es anuncio de derrotas y malos resultados en sus planes de campaña. Recoger nieve o hielo es anuncio de pleitos. Comer nieve presagia falsos placeres.

NIÑO.— Verle con tu nodriza indica una larga enfermedad, a menos que sea una mujer encinta la que tenga este sueño; en este caso, parirá una niña que vivirá poco, o enviudará pronto. Ver correr muchos niños por la casa, indica alegría, provecho, salud. Ver a un niño morir es señal de dificultades en los negocios. Tenga cuidado con un accidente de tránsito.

NIÑERA.— Indica que tus intereses se hallan entre las manos de personas de poca confianza. Ver los pies de sus propios hijos indica muy buena suerte. Un niño de cera anuncia falsa amistad. Niño disforme o monstruoso. (Véase Monstruos).

NOCHE.— Andar de noche anuncia fastidio y tristeza. Cuidado con los ladrones.

NOVIO.— Boda frustada por cuestión de intereses y todo debido a que resuelves tú misma las cosas. No hagas caso de las demás mujeres, recuerda que la envidia siempre es la envidia. Si lo amas, decídete, pero antes investiga bien quién es él.

NUBES.— Caer de las nubes indica una gran sorpresa.

NUECES.— Comerlas, lo mismo que avellanas, castañas y almendras, o ver simplemente los árboles que dan estas frutas, es señal de turbulencias y dificultades, de las que resultarán riquezas y satisfacciones. Hallar nueces que estaban escondidas es presagio de encontrar un tesoro oculto.

ODIO.— Si sueñas que odias a alguna persona, es señal de que ésta es la que te aborrece.

OJOS.— Tenerlos hermosos es signo de alegría. Si están enfermos, es indicio de que tienes faltas de qué arrepentirte. Amorosos: infidelidad de mujer. Saltones: daño propio de la familia. Cerrados: desconfianza fundada. Perder un ojo es presagio de la muerte de alguno de los tuyos.

OLAS.— Tu pretensión será combatida por un rival poderoso. No te fíes del agua mansa, el peligro está a la vista.

OLORES.— Ponerse olores o perfumes en la cabeza es señal de orgullo, presunción, jactancia. Si quien sueña es una mujer, anuncia que será infiel a tu marido, y le llevará por la punta de las narices. Si otros ponen buenos olores en la cabeza de alguien es signo de amistad, pero si el olor es malo, es presagio de odio.

OLLA.— Olvido de la conformidad de otro tiempo. Pero no olivides que las alahajas no son todo en la vida. Una olla siempre llena es la mejor tranquilidad para tu hogar. Si la olla es de barro ten cuidado con el gato, que puede ocasionar un terrible incendio.

OPERACIÓN.— Verla practicar indica la pérdida de un amigo. Sufrirla anuncia pérdida de bienes.

OREJAS.— Soñar que se tienen las orejas tapadas es signo de tiranía doméstica para el hombre, y de descaro para la mujer. Orejas largas indican fortuna de un amigo. Cortas, anuncian engaños. Limpiárselas es signo de que se tendrán fieles servidores.

ORGÍA.— Si no cambias de costumbre, te verás despreciado.

ORINAR.— Hacerlo junto a una pared es buen signo para los negocios. Orinarse en la cama indica retardo en recibir dinero.

ORO.— Signo de inútil ambición o de culpable avaricia.

OSO.— Si ataca, es señal de persecución. Verle correr presagia logro de propios deseos.

OVEJAS.— Verse rodeado por estos animales es señal de felicidad. Verlas venir indica desgracia. Si se van a matar, es signo de tristeza.

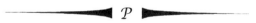

P

PACTO CON EL DIABLO.— Logro de una empresa. Buen resultado de un negocio por medios ilícitos.

PADRE.— Dichosa esperanza para el que ve al suyo.

PADRINO.— Anuncio de bautismo o boda.

PAISAJE.— Aumento de familia. Noticias del ausente.

PAJA (esparcida acá y acullá). Miseria. Apuros. En montones o manojos, es señal de abundancia. Ver o llevar un manojo de paja encendido, sobre todo en público, es signo de alegría, honores y seguridad en los negocios de quien lo lleva.

PÁJAROS.— Cogerlos: placer y provecho. Matarlos anuncia daños. Tirarles tiros es signo de un ataque a traición de parte de enemigos falaces. Una bandada de pájaros indica habladurías y pleitos. Verlos pelear anuncia tentación. Si vuelan por encima del que sueña, indican pérdidas para él. Oírles hablar es buen presagio. Pájaros nocturnos, como lechuzas, búhos, mochuelos y murciélagos, son un mal agüero para el éxito de los negocios que se hagan al día siguiente del sueño. Pájaros o aves de presa, como halcones, milanos, águilas, etcétera, indican aumento de fortuna si el soñador es rico, y más miseria si fuese pobre.

PALACIO.— Ver uno: envidia. —Habitarlo: favores de un gran personaje. —Destruirlo: usurpación de poder. —Palacio real: intriga. Complicidad de negocios

PALOMAS.— Felicidad y placeres en tu casa. Pero ten mucho cuidado con las hembras que hay en tu casa, el gavilán está rondando tu nido tranquilo.

PAN.— Comerlo blanco es señal de provecho para el que sueña, si éste es rico; para los pobres es indicio de pérdidas y daños. Pan negro indica todo lo contrario en estas dos hipótesis. Pan caliente, acusación.

PANADERO.— El mismo que origina tu ruina te salvará de ella, si sabes aprovechar el momento.

PANTALON.— Viejo: conducta reprensible. Nuevo: indigencia. Viejo, pero cuidado, buen comportamiento. Al revés: desorden. Si es mujer y sueña que lleva pantaletas: dormirá al marido. Pantaletas, cuídate del amigo de tu mujer.

PAÑUELO.— Blanco: inocencia. De color: hipocresía. Guardarlos: fidelidad. Tirarlos: volubilidad. Comprarlos: utilidad y alegría. Regalarlo a un novio indica que vendrá un desastre que no tiene reparación. Se contrarresta si pones en ellos siete granitos de sal común.

PAPEL.— Blanco, indica inocencia; escrito, enredos y pleitos; pintado, engaños.

PARAGUAS.— Medianía. Vida tranquila y oscura. No esperas la herencia del tío.

PARAÍSO.— Infortunio. Miseria. Desazones domésticas. Cuida a tus hijos.

PARIENTES.— Error. Perfidia. Chismes.

PÁRPADOS.— Tenerlos más largos de lo que son indica honores, aprecio público y fortuna considerable; caídos o lánguidos, deshonor, traición de un amante o de una querida; ruina.

PARTO.— Asistir a un parto indica próxima fortuna. Parto, laborioso o mortal es señal de que se frustrarán todas las esperanzas. Feliz, presagia prosperidad. Si una mujer, sin estar embarazada sueña que da a luz una niña, es indicio de placeres entremezclados de dolores.

PASTELES.— Hacerlos indica alegría.

PAVOS.— Amigos o parientes próximos a volverse locos. Ten calma. Si sueñas que se aparecen los pavos es señal de que los días de miseria se terminarán y llegarán noticias alegres de personas que no se esperaban ni remotamente.

PAZ.— Si quieres tenerla, observa buena conducta.

PECES.— Si los hay de diversos colores, es señal de agravación de una enfermedad; y si el que sueña goza de buena salud, presagia querella, injurias y sufrimientos. Muertos en el agua son esperanzas perdidas. Pescarlos gordos indica gozo y provecho; pequeños, tristeza y ruina. Verlos nacer es signo de alegría, y soñar que se da a luz un pez es presagio de que se tendrá un niño débil y mudo.

PECHO.— Hermoso y sano indica salud y alegría; velludo, ganancia y provecho para el hombre; viudez para la mujer. Ancho y gordo, es signo de larga vida, y de bienestar en la vejez. Tenerlo traspasado de una estocada por un amigo es presagio de malas noticias, si el que sueña es un anciano; pero para un joven es signo de inalterable amistad.

PEINE.— Cambio de situación por terminación de un pleito. Si se rompe el diente de un peine, peligro próximo.

PELIGRO.— Huir de él: feliz suceso. Evitarlo: fundada confianza.

PELOTA (Jugar a la).—Arduo trabajo para hacer fortuna. Querella. Injuria. Debe tener cuidado con sus socios. Si hay proyectos de trabajar con otro, elimínalo y has tú solo las cosas. Más vale solo que mal acompañado.

PELUQUERO.— Próximo peligro. Si te queman el pelo al rizarlo es señal de que reñirá con tu amante.

PERAS.— Verlas o comerlas maduras anuncia una dulce satisfacción; si son agrias o silvestres, matrimonio. Secas, gratos recuerdos amorosos.

PERIÓDICOS (diario).— Mentira, burla, mala fe, y cambio favorable por un anuncio.

PERLAS.— Miseria. Tristeza. Pescarlas indica penuria y hambre. Ensartarlas, fastidio y soledad.

PERMISO (para uso de armas).— Encontrarle: alegría sin fundamento. Perderle: pérdida de libertad. Tomarle: urgentes formalidades.

PERRO.— Jugar con un perro anuncia daños; con muchos, avaricia; si el perro es blanco, indica una próxima felicidad; si negro, traición de amigos. Si el perro está rabioso, es signo de fundados temores. Perro y gato, disputas, contradicciones. Perro y perra, libertinaje. Si el perro es del que sueña, indica servicios de parte de un amigo fiel; si es un perro extraño, anuncia enemigos viles y bajos. Si el perro rasga los vestidos, presagia maledicencia de parte de un enemigo de baja esfera, que trata de arruinar a aquel a quien el perro rasga los vestidos; si muerde, penas suscitadas por enemigos. Perros que riñen anuncian acechanzas. Perro con varias cabezas, tal como el cancerbero de la mitología, presagia que delinquirás y que se embargarán bienes. Oír ladrar a perros ajenos es señal de calumnias; si el perro que ladra es del que sueña, es señal de que éste ganará un pleito. Perro sabio, es decir, que hace habilidades, indica embrollo, trampa de abogado, y se aconseja que transija con nuestro contrario, sobre todo si tiene culpa. Perro de caza es indicio de seguridad y buena esperanza. Galgo, indica fidelidad a toda prueba.

PESADUMBRE.— Alegría inmediata. Protección de los superiores. Se aumentará la familia.

PESCA, PESCAR.— Con caña indica paciencia y olvido de injurias.

PIANO.— Tocar u oír tocar el piano anuncia disputas con amigos. Soñar que aprendemos a tocarlo es signo de que vendrán muy buenos días de tranquilidad. Si el piano es blanco, cuidado con una mujer muy hermosa que nos traerá de cabeza.

PIEDRAS.— Pisarlas o andar por entre ellas indica penas y sufrimientos. Piedras preciosas, tristeza, enfermedad, obstáculos.

PIEL.— Blanca: confianza. —Morena: doblez. Ingratitud. —Piel de animal: crueldad.

PIERNAS.— Tenerlas en buen estado y bien dispuestas indican alegría, dicha, buen viaje y buen éxito en las empresas. Hinchadas, rotas o cortadas, son señal de pérdida o daño de amigos o servidores; enfermedad o muerte de unos u otros. Tener tres piernas presagia que se tendrá un mal en uno de estos miembros; pero si el soñador es comerciante, es señal de completa prosperidad en sus negocios, sobre todo si éstos son marítimos. Tener a la vez hinchados los pies y piernas, es señal de constantes riquezas para el soñador y sus verdaderos amigos. Una pierna de palo es indicio de un cambio desfavorable en el trabajo, negocio o juego de bolsa.

PIES.— Besarlos a alguien indica arrepentimiento, confesión humillante, enmienda. Mordidos por serpiente u otro reptil venenoso: Véase Mordedura. Lavártelos en cualquier cacharro indica golosina. Si siente que alguno le rasca la planta de los pies, es anuncio de ruina por parte de aduladores o parásitos. Verlos lavar con hierbas olorosas o con perfumes, es signo de que tus dependientes te llenarán de satisfacciones. Lavárselos el mismo soñador indica fastidio, penas, afecciones catarrales, enfermedades del pecho. Pies cortados, penas y perjuicios. Ligeros u ocupados, en una danza agradable, predicen alegría, amistad, benevolencia. Verlos quemados es presagio muy funesto. Si están enfermos, al contrario, indican alivio de penas y buen estado de los negocios. Sucios o infectados, tribulación, enfermedad vergonzosa. Rotos o dislocados, si alguien los pisa, desconfía de una persona grosera.

PIÑA.— Disgustos hogareños, debido a una persona que no le gusta trabajar. Si se lastima las manos con ella, deberás consultar el oráculo de Napoleón, de esta manera resolverás el difícil problema que se te presenta. El problema que tienes lo puedes resolver si te echan las cartas un día viernes por la tarde.

PIOJOS.— Tenerlos y experimentar una gran picazón ocasionada por ellos es signo de mucho dinero y de toda clase de riquezas. Juega a la lotería.

PISAR.— El suelo: felices negocios. —Una cama: dilatación de pagos.

PLACER.— Entregarse a los placeres abandonándolo todo: falta de energía. Riesgos para la libertad o la fortuna. Arrebato peligroso. Indiferencia pública.

PLANCHA.— La Ley no deja nada a los litigantes; tú ganarás el pleito, pero las costas importarán más que el valor del negocio. Más te vale una transacción. Parece mentira, pero es la verdad esta máxima vieja.

PLANTAS.— Medicinales. Auguran una salud perfecta, que te librará constantemente de médicos y boticarios.

PLATA.— Encontrada: dilatada vida. Venderla: beneficio. Comprarla: pérdida. Combinarla, gran disgusto.

PLATO.— Con manjares: boda o banquete. Roto: amistad perdida. Quiebra. De oro o plata: Buen augurio. Buen negocio si no están rotos.

POLLOS.— Si están juntos y silenciosos, indican próximas pérdidas; pero si se les oye piar, presagian alegría y placer. Cortar la cabeza a un pollo. (Ver Cabeza.)

POZO.— Sacar agua de un pozo es señal de casamiento ventajoso, si el agua es clara; pero si está turbia, el himeneo será funesto por enfermedad. Dar de beber a alguno agua de pozo será contribuir a tu fortuna si el agua es clara, y tu rutina si fuese turbia. Pozos cuya agua rebosa indica pérdida de bienes y muerte de mujeres y niños. Caer a un pozo o limpiarlo es señal de injurias y afrentas. Hallar un pozo lleno de agua en un campo donde no había ninguno es signo de un acomodo ventajoso para el que sueña; si éste fuere casado, es presagio de que tendrá hijos sanos y virtuosos.

PRECIPICIO.— Caer en un precipicio indica grandes ultrajes y peligros para el que sueña, y principalmente riesgo de fuego.

PRIMO O PRIMA.— Matrimonio por afecto.

PRISIÓN.— Entrar en ella: salud. —Permanecer: consuelo. Salir: peligro.

PROMETIDO.— Si es mujer la que ves en sueños al suyo: pronto te casarás.

PROPIEDAD.— Recibir una propiedad o hacienda en calidad de donación indica casamiento con una persona cuya figura y cualidades agradables en proporción a la riqueza del presente; si la propiedad es considerable y se compone de bosques, jardines, vergeles, etc., es signo de placer, alegría, salud, riqueza, numerosa familia y felicidad doméstica.

PUENTE.— Pasar por un puente: trabajo. Si fuerá de madera: miedo. —Caer de un puente, pérdida de la razón.

PUERTA.— Derribarla indica una próxima prisión. Puertas quemadas o consumidas anuncian la muerte de la dueña de la casa, y a veces de la persona que sueña.

Q

QUEJA.— Escarmiento por meterse donde no le llamaban.

QUEMAR.— Ver quemar o arder tu cama o quemarla uno mismo es señal de enfermedad y daños, o de la muerte del soñador. Si una mujer es quien sueña, es indicio de que ella o tu marido están expuestos a un peligro. Soñar que le queman a uno a fuego lento es señal de envidia, disgustos, cólera y querellas. Ver arder las colgaduras, muebles y ropas indica pérdidas e injurias; las ventanas de enfrente de nuestra casa, muerte de hermano; si son las de detrás, de hermanas.

QUERIDA.— Pegar o maltratar a tu propia querida indica brutalidad estúpida.

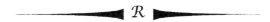

QUESO.— Desgracia. Tenga precaución.

R

RAMA.— La obstinación de una persona frustrará tus planes.

RAMERA.— Dicen que soñar con ellas, sobre todo si se las desprecia, es señal de honores, provechos y buena compañía.

RANA.— Oírlas es señal de que debemos desconfiar de los aduladores, habladores, ignorantes e indiscretos.

RASGUÑO.— Pena. Disgusto. Sentimiento pasajero. Con dinero prestado no resuelve el asunto.

RATA.— Enemigo secreto y peligroso. Tomar precauciones contra los maldicientes. Te juegan sucio. Enemigos ocultos. No hipoteques tu casa, puedes perderla pues el negocio en proyecto es malo.

RAYO.— Verlo caer de repente junto a sí indica que el que sueña tendrá que fugarse, sobre todo si ocupa un empleo considerable. Si cae sobre una persona o en tu casa, es peligro de muerte.

RECOMPENSA.— Si es hombre: retribución espléndida. Si es mujer: amor correspondido.

RECORTAR.— Buen augurio. Vida dilatada. Tranquilidad. No te desanimes.

REDES.— Para pescar: lluvia, o más bien mudanza de tiempo. Cuidado con el mar.

REFRESCO.— Las estrecheces tendrán un término favorable o inesperado.

REGALO.— Felicidades en toda empresa. Muerte de un enemigo.

REGAÑAR.— Desobediencia.

REGAR.— Provecho. —Regar flores: dicha en el amor. —Legumbres: peligro inminente. —Riego público: lágrimas y tristeza. —Regadera: pérdida de una prenda de valor. —Ver regar: mal presagio.

REGRESO.— A los lugares que se han habitado, felices noticias. Soñar con el regreso de un ausente, olvido.

REÍR.-- A carcajadas, es señal de incomodidad más o menos fuertes en el término de cuarenta y ocho horas.

RELOJ.— De sobremesa o de bolsillo, aconseja que se emplee bien el tiempo. Fiestas interrumpidas. Recibirlo: bochorno. Enfermedad. Darlo: peligro evitado. Empresa feliz. Amor premiado. Ver uno es signo de mal contratiempo, lo contrario si es eléctrico.

REMEDIO.— Poca precaución. Chasco imprevisto.

RENCOR.— Si lo sentes en sueños contra alguien, trata de disiparlo.

REPOSO.— Tomar algún descanso es señal de persecuciones.

REPTILES.— Falsos amigos. Ten cuidado.

RESBALAR.— Cuidado, pues hay un peligro próximo. Algunos amigos falsos te pedirán dinero prestado, pero tú no debes caer en esa trampa, pues está seguro de que no te pagarán.

RETO.— Provocar a un desafío indica infamia. Recibir un reto, signo de reconciliación.

RETRATO.— Larga vida para el retratado. Recibirlo o darlo: traición.

REVOLUCIÓN.— Despotismo. Anarquía doméstica.

REVÓLVER.— Descubrimiento y captura. Personaje ocioso, perezoso y avaro de quien desconfiarás mientras vivas. Entre hombres, celos.

REY.— Ver uno rodeado de tu corte es señal de engaños, acechanzas y lisonjas. Si estás solo, es signo de clemencia y perdón de injurias. Hablarle anuncia rebelión, conjuración. Verle orando, mala señal para sus súbditos. Verle muerto, cambio de situación, debido a un asunto inesperado.

RIACHUELO.— De agua clara y cerca de la casa del que sueña, es presagio de que éste tendrá un empleo honorífico y lucrativo, con el cual podrá hacer obras de beneficencia, pero si el agua fuera turbia, es señal de daños ocasionados por enemigos, o de incendio, o de pleitos.

RIÑA (en sentido de enfado).— Si la riña es entre dos amantes, es presagio de una buena boda. Si es entre amigos, es señal de decadencia de fortuna.

RÍO.— Claro y tranquilo, es generalmente un presagio feliz, sobre todo para los jueces, litigantes y viajeros; turbio, indica todo lo contrario, y el que lo sueña está expuesto a caer en desgracia de sus superiores. Si sueñas que el río, estando claro, entra en la habitación, es anuncio de la visita de un gran personaje que prodigará sus liberalidades; si, al contrario, esta agua fuese turbia y mojase los muebles, es señal de violencia, querellas y daños por parte de enemigos de la casa. Andar por encima de un río indica elevación.

RIQUEZA.— Audacia. Miseria. Sigue adelante.

ROBAR.— Ropa o vestidos: seguridad, provecho, aunque prendan al ladrón.

ROCA.— Trabajos y penas. —Subirla con dificultad: éxito tardío. —Bajarla del mismo modo, pérdida de padres o amigos. Si se baja con placer: desconfianza saludable.

ROMPER.— Un vaso: salud. Una cuerda: pesadumbres domésticas. Una rama: peligro. Un madero, muerte inopinada.

ROSAS.— Verlas en primavera es buen signo, a menos que el que las sueña esté enfermo o escapado, en cuyo caso son indicio de peligro de vida o libertad. Verlas fuera de la estación, todo lo contrario de lo que se ha dicho. Darlas: obsequio; si te picas con las espinas debes tener cuidado con las amigas íntimas.

ROSTRO.— Fresco, colorado y risueño, presagia favores de amigos. Flaco y descolorido, fastidios, pobreza, y carestía de víveres. Lavarse el rostro es señal de arrepentimientos y remordimientos. Verlo en un espejo, algo bueno se avecina.

RUIDO.— Percibirlo: alegría. Producirlo: vanidad, castigo. Cuídate de sus amigos.

RUINA.— Tu presencia invita al arrepentimiento. Enfermedad misteriosa. Humildad enaltecida. Disipación.

S

SÁBANA.— Muerte que causa alegría. Tranquilidad duradera. Curación inmediata de enfermedad inaguantable.

SABIOS.— Hablar con ellos indica engaños.

SACERDOTE.— Con el crucifijo o la extremaunción, es un mal presagio. Diciendo misa, indica salvación providencial, esperanzas para los enfermos. Predicando, indica consuelo en las aflicciones. Paseando, es un buen presagio si el cura es anciano.

SACO.— De moda: buena suerte. De trigo: bienestar. De cualquier otra cosa: desesperada empresa. Si el saco es la prenda de vestir, quiere decir que debes tener mucho cuidado con tu cartera. Nos acecha un gran peligro en un transporte.

SAL.— Cordura, sabiduría. Sagacidad, modestia.

SALUD.— Mal presagio para los enfermos.

SANGRE.— Ver tu propia sangre indica herencia. Ver correr la ajena, altercados, disputas. Verla brotar en gran cantidad, fortuna, riquezas.

SANTO.— Buenas noticias. Aconseja que tengas buena conducta. Deseos que encuentran resistencia. Vanagloria humillada.

SARDINAS.— Mal humor, querellas domésticas.

SARTÉN.— Mala amistad. Buenas noticias. Reconciliación inesperada. Charlatanería insufrible. Celos infundados. Secreto sexual que será descubierto. Si eres infiel ten cuidado con tu consorte.

SECRETO.— Desgracia o tormento.

SED.— Si es ardiente y no se puede apagar, es señal de tristeza. Si se la puede calmar con agua fresca y clara, es presagio de riquezas y satisfacciones.

SEDA.— Riqueza. Grandeza. Elevación.

SEDUCCIÓN.— Herida peligrosa.

SEMBRAR.— Buen presagio para el labrador y comerciante. Ten fe.

SEMILLAS.— Descontento. Indisposición. Pérdida de honores. cuida tus bienes.

SENO.— De mujer y con leche, presagia un cercano casamiento si quien sueña es una soltera. Si es una recién casada, preñez y feliz alumbramiento. Si la que sueña es ya de edad, es signo de riquezas. Seno echando sangre indica pérdida de hijos o esterilidad. Seno dolorido, peligro de enfermedad grave. Si un hombre sueña que tiene senos de mujer, es signo de molicie y afeminación.

SEÑORAS.— Verlas juntas es señal de habladuría.

SEPULCRO.— Construirlo indica bodas y nacimiento de hijos. Si se desmorona, anuncia enfermedad personal o en alguien de la familia. Caer dentro de él es indicio de miseria.

SERPIENTE.— Próxima seducción. Si se enrosca, es signo de enfermedad, prisión y riesgo. Matar una serpiente es señal de victoria sobre enemigos envidiosos. Con varias cabezas, anuncia pecados.

SEXO.— Soñar que se muda de sexo, si es una mujer la que sueña, es para ella presagio de que concebirá un varón que hará honor a la familia. Cuando es un hombre, el cambio de sexo le predice deshonor e infamia.

SILLA.— Sentarse en una silla indica distinción. En un sillón, presagio de un puesto elevado. Si la persona que sueña tiene más de cincuenta años el destino dice que llegarán días de mucha tranquilidad en el hogar. Debes dejar de fumar.

SOBRINOS.— Soñar que se los quiere, buenos sentimientos. Aborrecerlos sin motivo, vejez amargada por tribulaciones. Soñar que se sufren molestias por culpa de ellos, sean clementes.

SOL.— Verlo es signo de descubrimiento de secretos y de buen despacho en los negocios; si el que sueña tiene una enfermedad en los ojos, puede estar seguro de que se curará pronto; si está en la cárcel recobrará la libertad. Ver salir el sol es señal de buenas noticias y de muy bellas prosperidades. Verlo ponerse indica obstáculo, enfermedades de un niño, peligro personal o un próximo mal de ojos; pero, sin embargo, es de feliz presagio para las personas que tienen enemigos o creen deber estar ocultas. Si el que sueña ve los rayos solares alrededor de tu propia cabeza, es signo de gloria y honores infinitos. A los criminales les predice ese sueño gracias y misericordia en cambio de una sincera y completa confesión. Ver penetrar los rayos del sol hasta la cama en que se está es indicio de que hay que temer una calentura. Cuando el astro entra en la habitación y la alumbra, indica provecho, honor, prosperidad; y si el que sueña es casado, puede estar seguro de que tendrá un hijo que brillará por sus virtudes. Entrar en una casa donde luce el sol es presagio de adquisición de bienes. Cuando se ve al sol ir en busca de la luna, y viceversa, es signo de guerra.

SOLEDAD.— Chismes y enredos. Noticia de un ausente. Falsa acusación.

SOMBRA.— Talento premiado. Amor discreto, recompensa, pero tu debes ser sumamente discreto.

SOMBRERO.— Roto o sucio, indica daño o deshonor. Si es nuevo indica alegría, provecho, suerte. Si te lo roban indica que las cosas vendrán mucho mejor de lo que esperabas.

SONÁMBULO.— Reposo turbado. Agitación. Tumulto muy peligroso.

SOPA.— Recobro de salud o de fortuna. Verterla, esperanza frustrada. Si la sopera está llena, vendrán buenos días en el negocio, debido a un temblor inesperado.

SORTIJAS.— Una o más sortijas: poder. Recibir una como un presente en los dedos indica dignidad, dicha, seguridad. Cuando se regalan, al contrario, es presagio de pérdida de uno.

SOTANA.— Próxima pobreza. Falta de virtudes. No seas tan confiado como para poner en manos de otra persona el arma que se puede volver contra ti.

SUBIR.— Buenos negocios. Mejora de situación. Deseos satisfechos.

SUEGRA.— Si te sigue: buenos consejos. Si la sigues: imprudencia. Si está en tu casa: contratiempos. Soñar con el suegro es mala señal.

SUELDO.— Recibirlo es signo de buen éxito. Malgastarlo anuncia miseria próxima por gastador.

SUETER.— Vendrán días de pobreza si no se lucha con mucha tenacidad. Si ha de ser un placer para ti el verte reducido con tu familia a pedir limosna de puerta en puerta, entonces dedícate a beber. Ese puede ser tu destino.

SUICIDIO.— Desgracias que uno mismo se acarreará.

SUSPIROS.— Contrariedades amorosas que desaparecerán. Se debe tener calma.

TALADRO.— Sentencia favorable. Engaño descubierto por una casualidad. Está alerta.

TALLER.— En movimiento: perseverancia premiada. Desierto: cesantía

TAPA.— Escoger buena compañía para tu empresa. Cadenas rotas.

TAZA.— Vacía: posición modesta. Fina: tranquilidad. Pero si tu sueño fue que estabas en el café, tomándolo con los amigos, la cosa es muy peligrosa, te verás involucrado en un fraude.

TEATRO.— (Véase Comedia).

TECHO.— Mando. Dignidad. Prosperidad.

TEJADO.— Libertad conseguida. Mujer joven y rica. No pidas dinero prestado.

TELARAÑA.— Renuncia a lo que piensas. Consejos interesados. Ten mucha calma. La idea de comprar la casa es buena, si tu ves a la araña tejer su tela.

TELÉFONO.— Si el sueño es que instalamos uno en casa, significa que las cosas caminan bien, si no contesta el número al que llamamos, el timo está hecho. Ten cuidado con un estafador. No olvides que hay amigos falsos.

TEMBLOR.— Devuelve lo que encuentres si no quieres sufrir perjuicio. Honores y riquezas. Probabilidad de larga vida.

TEMPLO.— Entrar en él: variación de conducta. Orar en el templo: pesadumbre de injurias. Esperanzas cumplidas. Distinción inmerecida.

TERMOMETRO.— Trama, ataque sordo contra la reputación del que sueña.

TERREMOTO.— Peligro para la fortuna y hasta para la vida del que sueña; si éste es un gobernante, es presagio de un golpe de fuerza o de una alcaldada, que sorprenderá a todo el país. Si el terremoto derriba una casa o sólo el techo, paredes, puertas, etcétera, es señal de ruina, y aún de muerte para alguna de las personas principales de la casa.

TESORO.— Buscarle: Conténtate con lo que tienes. Encontrarle: mal augurio.

TESTAMENTO.— Muerte inminente. Peligro.

TIENDA.— Cuando sueñas con una tienda incendiada y consumida, es presagio de pérdida de bienes.

TIERRA.— Verla negra es signo de tristeza, melancolía, hipocondría. Verla temblar: Véase Terremoto. Besar la tierra: Véanse estas voces.

TIJERAS.— Disensiones entre amantes. Riñas de casados. Estorbos en los negocios. Si te roban las tijeras, peligro. Cuidado con el teléfono.

TINIEBLAS.— Enfermedad. Andar en medio de ellas indica buen éxito de un asunto a fuerza de cuidados.

TONTERÍA.— Si dices una tontería delante de alguien, esta misma persona hará lo propio; y no dejará de aprovecharse de ti.

TORMENTO.— Darle a uno tormento es señal de felicidad.

TORRE (de una fortaleza).— Resistencia imprevista.

TOS.— Falsedad descubierta. Indiscreción. El que se tapa la boca con la mano derecha es signo de felicidad personal y de la familia; el de la mano izquierda indica un estado momentáneo de estrechez.

TRAGEDIA.— Ver representar una tragedia es presagio de pérdida de amigos y bienes.

TRAICIÓN.— Guárdate de los que te rodean. Si eres mujer, tu conciencia no está tranquila.

TRAJE.— Usar un traje indecente: tristeza y tormento. Tener un rico traje: significa todo lo contrario. Ir con los vestidos sucios: deshonor. Desear vestidos: placer y logro. Poseer muchos y de varios colores: aburrimiento.

TRASTORNO.— Sírvete de la máxima que dice: Átala bien y déjala andar, y te librarás de quebrantos.

TRIGO (en espigas).— Provecho y riquezas para aquel que sueña que las recoge. Trigo almacenado, en gran cantidad anuncia abundancia de bien.

TRISTE.— Sentirte triste o ser consolado en la tristeza significa un acontecimiento feliz.

TRIUNFO.— Soñar que se triunfa en algo deseado significa que las cosas saldrán bien, pero hay que tener cuidado con las consecuencias inmediatas.

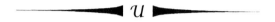

U

UBRES.— Muy llenas, abundancia. Flácidas y secas: escasez. Cuida tus negocios.

ULTRAJE.— Si lo recibes, te vaticina que dentro de poco tiempo un buen amigo te dará una sorpresa muy agradable. Si sueñas ser tú el que infiere un ultraje, te presagia que de tener algún proyecto, fracasará ruidosamente.

UNIVERSIDAD.— Verla, serás llamado a declarar en un asunto judicial. Estar en ella, obtáculos y zozobras.

UÑAS.— Muy crecidas: provecho; muy cortas, pérdida; deshonra para el que las corta; arrancarse las uñas, peligro de muerte.

UVAS.— Felicidad, distracciones. Cuida que las lecciones que tomes en la escuela de las desgracias, te sirvan para la prosperidad. La jornada de tu vida será en principio borrascosa; pero cesará la tempestad y llegarás al puerto del triunfo.

V

VACA.— Desgracia, si la vaca es negra. Si el sueño es que se ordeña una vaca, indica que las cosas caminarán bien, de todo a todo.

VAJILLA.— De metal, tus sospechas son infundadas. De plata, apuros domésticos. De oro, disloque económico.

VAMPIROS.— Si son blancos, indica suerte mediana; si son negros, aflicciones. Si se sueña que nos chupa la sangre indica que hay que tener cuidado con los animales de cuatro patas.

VECINOS.— Dolencias. Dificultades.

VELA.— Encendida, suerte en los negocios, matrimonio para los solteros, y felicidad para todo el que sueña. Apagada, lo contrario. Muchas encendidas, augurio fúnebre.

VELA (de nave).— Noticia buena si es plegada. Si se rompe la vela, toma un seguro de vida.

VELADA.— Alegría y dinero de una mujer.

VELO.— Fingida modestia. Traición.

VENGANZA.— Pleito ruinoso. Ten cuidado.

VENENO.— Proporcionarlo, te anuncia un serio disgusto. Tomarlo, tus deseos se realizarán más pronto de lo que tú piensas. Verlo tomar, especulaciones que pueden arruinarte.

VENTANA.— Arrojarse por la ventana, pérdida de pleito; deslizarse por la mistela, tener una quiebra; una ventana abierta, protección con los grandes; cerrada, obstáculos sin cuento.

VERDUGO.— Catástrofe.

VERJA.— De hierro, obstáculo que debes vencer. De madera y si es nueva, dinero que recibirás por vencer un obstáculo a otra persona. De plata, u otro metal precioso, grandes beneficios que te reportarán los servicios que prestas a otros.

VESTIDO.— Sucio o despreciado, pasajero desprecio; elegante, aprecio no muy provechoso; de varios colores, desazones. Si sueñas que te quitan el vestido, ten cuidado con el pretendiente tiene malas intenciones. Si te lo roban, ten cuidado con el tendedero.

VIAJE.— A pie, perjudiciales e insuperables obstáculos; a caballo, fortuna próspera; en carruaje, buena ventura. Viajar armado, elección de esposa.

VIEJA.— Mal presagio. Ten cuidado.

VÍVORA.— Perfidia de hombre o traición de mujer. Victoria para el que logre matarla. Enfermedad o encierro si se enrosca o recoge.

VIDRIOS.— Enteros, noticias buenas. Rotos, le pronostican una situación precaria. Enfermedad.

VICTORIA.— Llantos y celos para el que la alcanza; infidelidad u holganza para el vencido.

VIENTRE.— Abultado: buen presagio. Flojo, obstáculos. De mujer: querellas domésticas.

VINAGRE.— Colorado: afrenta personal; blanco o incoloro: insulto dirigido a otro; perdido: enfermedad; beber: querellas domésticas.

VINO.— Beber vino puro: fuerza. Aguado: salud débil; generoso: recogido; espeso: riquezas; ver fluir: efusión de sangre; emborracharse con vino generoso: alta protección, próxima fortuna.

VIOLÍN.— Percibir tu sonido: concordia en un enlace; tocar el violín: fatal proyecto; verlo abandonado, tristeza efímera. Si se rompe ten cuidado con tu socio, trata de hacerte una trampa. Haz un balance y ten cuidado con los números. Examina bien tu conciencia antes de obrar.

VIRGEN.— Alegría inocente. Cosas gratas.

VIÑA.— Siempre es indicio de abundancia.

VISITAS.— Que las recibes, nuevas empresas; que las pagas, es un indicio detrimental la visita de un médico augura ganancias.

VOLAR. — Si sueñas que vas volando sin alas, excelente presagio; es indicio de que trinfarás en los negocios, en el juego o en el amor.

VOLCÁN.— Quiere decir este sueño que una persona te ama en secreto. Si está apagado el volcán, es que sufrirás del mal de amores sin ser correspondido.

VUELTAS.— Dar muchas vueltas en sueños es que tu estómago no funciona bien y al hacer mal la digestión, el cerebro experimenta ensueños penosos como éste.

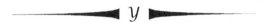

Y

YATE.— Si viaja en él, te previene que debes ser más modesto en tus aspiraciones. Tu vanidad puede llevarte a la ruina. Verlo partir, fracaso en lo que emprendas. Si es un velero, magnífico negocio se presenta en puerta.

YEGUA.— Si es de buena estampa, joven y bien enjaezada, tendrás esposa joven, hermosa y rica. Si la yegua es de mala catadura y va sin guarniciones, una mujer atentará contra tus intereses. Si la yegua cocea, traición amorosa.

YEMA.— Ver o comerla de un huevo pasado por agua, te augura grandes sinsabores si no moderas tu vida licenciosa. Pérdida de salud.

YERBA.— Si está mustia o seca, te anuncia una vida muy modesta, pero feliz. Si es yerba fresca, lozana y abundante, éxito en los negocios. Comer yerbas, salud y larga vida.

YERMO.— Soñar con un terreno yermo indica pequeñas tristezas.

YESO.— Noticias agradables por carta.

YUNQUE.— Provechoso trabajo.

YUGOS.— Presagio de un matrimonio feliz.

◄ Z ►

ZANAHORIAS.— Comerlas, cometerás una tontería que puede costarte muy cara. Ver un campo de ellas, se te presentará una buena ocasión para ganar dinero y no sabrás aprovecharla.

ZÁNGANOS.— Verlos denota negligencia en los negocios. Si te rodean o persiguen, aleja de ti a ciertas personas que sólo sirven para vivir a costa tuya, de lo contrario la pasarás muy mal.

ZANJA.— Hacerla, testamento favorable. Verla, querellas domésticas. Saltarla, peligro grave. Caer en ella, serás víctima de un engaño.

ZAPAPICO.— Muchos hombres de humildes pañales han sabido elevarse a los puestos más altos por medio de su propio esfuerzo, con que anímate y trabaja. No pienses en la lotería, ella no te salva y lo que debes hacer es trabajar.

ZAPATOS.— Nuevos: ganancias; perderlos: pobreza inevitable. Pobreza para el que los usa viejos.

ZAPATERO.— Verle trabajar, decadencia de fuerzas físicas y mentales. Soñar que eres zapatero, sin serlo, recibirás un sofocón por meterte en lo que no entiendes. Ya lo dice el refrán: zapatero, a tus zapatos.

ZAPATILLAS.— Verlas te indica disgustos. Si te las pones, comodidades. Si te las quita, disputas.

ZARPAR.— Ver zarpar un buque, próximo viaje. Si vas en él: marcha forzosa.

ZEPELIN.— Verlo por los aires, tus deseos serán cumplidamente satisfechos. Verlo en el suelo, negocios que irán muy mal. Verlo caer, pérdida considerable de dinero. Viajar en él, renuncia a realizar tus proyectos si no quieres arruinarte y ponerte en ridículo al mismo tiempo.

ZODIACO.— Contemplar uno de sus doce signos: feliz agüero. Deberás consultar el libro "Los astros y destinos", y hacer tu propio horóscopo, que te indicará cuál es el camino que debes seguir.

ZORRA.— Picardía; batirse con una zorra: presagio de disputa con un enemigo astuto; poseer una zorra doméstica: anuncia un fatal amor hacia una ramera, o una ciega confianza hacia un criado que to engañará.

Índice

Serie CIENCIAS OCULTAS

Esta obra se terminó de imprimir en enero del 2012
en los talleres de Trabajos Manuales Escolares S.A. de C.V.
Oriente 142 no. 216, col. Moctezuma 2da. Sección
C.P. 15530, México D.F.